21 世纪教学活动设计案例精选丛书

中小学音乐教学活动设计案例精选

丛书主编　禹　明
本册主编　张开军

图书在版编目(CIP)数据

中小学音乐教学活动设计案例精选/禹明丛书主编. —北京:北京大学出版社,2012.3
(21世纪教学活动设计案例精选丛书)
ISBN 978-7-301-20247-0

Ⅰ. ①中… Ⅱ. ①禹… Ⅲ. ①音乐课－教学设计－中小学 Ⅳ. ①G633.951.2

中国版本图书馆 CIP 数据核字(2012)第 021998 号

书　　　　名：	中小学音乐教学活动设计案例精选
	ZHONGXIAOXUE YINYUE JIAOXUE HUODONG SHEJI ANLI JINGXUAN
著作责任者：	禹　明　丛书主编　张开军　本册主编
策　　　划：	周雁翎
责 任 编 辑：	李淑方
标 准 书 号：	ISBN 978-7-301-20247-0/G・3334
出 版 发 行：	北京大学出版社
地　　　　址：	北京市海淀区成府路 205 号　100871
网　　　　址：	http://www.pup.cn　新浪微博:@北京大学出版社
微信公众号：	通识书苑(微信号:sartspku)　科学元典(微信号:kexueyuandian)
电 子 邮 箱：	编辑部 jyzx@pup.cn　总编室 zpup@pup.cn
电　　　　话：	邮购部 62752015　发行部 62750672　编辑部 62767346　出版部 62754962
印　刷　者：	北京虎彩文化传播有限公司
	787 毫米×1092 毫米　16 开本　12.75 印张　260 千字
	2012 年 3 月第 1 版　2024 年 5 月第 7 次印刷
定　　　价：	32.00 元

未经许可,不得以任何方式复制或抄袭本书之部分或全部内容。
版权所有,侵权必究
举报电话:(010)62752024　电子邮箱:fd@pup.cn

序

朱慕菊

当今世界正在发生着深刻的变化。社会的发展决定了教育必须跟上时代的步伐,因此,教育必须朝着适应未来的方向进行深刻的变革。自2001年9月启动我国新一轮基础教育课程改革以来,中小学的课堂里正在发生着质的变化,课程改革的理念已在基础教育改革的实践中得到广泛认同。

课堂教学设计是教学中的一个重要环节,是教学的目的性、过程性、科学性与艺术性的统一,不但需要深厚的教育理论作支撑,而且需要适切运用丰富多样的教学方法和教学技术。本丛书编写者长期以来坚持以新课程的理念为指导,对课堂教学进行了深入的探索,获得了有益的经验。

第一,在教育理论与实践的结合上进行了有益的探索。长期以来,教师们普遍认为系统而复杂的教学理论不易被有效地运用于课堂教学中。而在新课程推进过程中,教师们努力学习新课程所倡导的教学理论,并积极探索与实践的结合,特别注重把教学理论和研究成果运用于实际教学,指导教学工作,同时也注重将教师的教学经验总结上升到理论层面。事实证明,理论必须与实践不断结合才能为教师所掌握和运用;同样,也只有经常性地反观课堂教学实践,对其进行深度思考与梳理,才能使教学认识上升到理性的高度。这套《21世纪教学活动设计案例精选丛书》正是积极探索教育理论与实践相结合的产物。

第二,在教师的专业发展上进行了有益的探索。新课程的推进既向教师提出了巨大的挑战,同时也应看到,它更是教师专业发展的极好机遇。教师工作的性质决定了它不是机械的重复。教师既要坚定不移地贯彻落实党的教育方针,同时作为专业人员还必须遵循少年儿童心理发展的规律,谙熟他们的需求,掌握学科教学的内容与方式。在当今社会快速发展的背景下,教师的专业修养也需要与时俱进。因此,新课程所倡导的学生学习方式的变革、教师教学方式的变革,都需要教师在工作岗位上不断思索,不断进步,实现其专业发展。而本丛书编写者正是深刻理解了教师专业发展对于推进新课程的重要性,他们想方设法促使教师对自己的课堂教学进行自觉的反思与总结，引导教师们在理论与实践之间进行反复的"对话"，并将"对话"的结果以课堂教学设计的形式表达出来，帮助教师整理了教学思想，提升了教育理念，促进了教师专业的发展。

第三，在改变课堂教与学的方式上进行了有益的探索。查尔斯·赫梅尔在《今日的教育为了明天的世界》中指出，在百科全书式的知识已经过时、百科全书比老人老得还快的大变革时代里，教师再也不能仅限于传授知识，而需要"唤醒不被知晓或沉睡中的能力，使得每个人都能分享到人们完全能够发挥自己才能的幸福"。因此，改变教与学的方式成为本次课程改革追求的重要目标之一。这套丛书正是以改变教与学的方式为突破口，对课堂教学如何体现学生的主体地位，如何突出知识的建构过程，如何增强学生的情感体验，如何使学生形成正确的价值观等方面的问题作了大量深入的探索。这套丛书中的教学设计虽然侧重活动性，但每一个教学活动的设计都力图向人们反映一种理念：只有将学习任务转化为学生的自我需求，才能真正唤起学生的求知欲望，才能真正激活学生学习的内在动力，才能真正使学生成为学习的主人。

衷心希望这套丛书能够为全国的中小学教育工作者提供借鉴。

2012年2月

（朱慕菊：国家基础教育课程教材专家工作委员会秘书长）

前　言

禹　明

　　最近，国家九年义务教育课程标准正式公布了。在总结我国十多年来基础教育课程改革经验的基础上，教育部正式公布的国家九年义务教育课程标准在强调德育领先、坚持渗透社会主义核心价值观的同时，特别强调了对学生创新精神和实践能力的培养。而要实现这一点，我们就要继续转变中小学课堂教学方式，在课堂上尊重学生，充分调动学生的积极性和主动精神，培养学生的批判性思维和学生的实践能力。为了学习，落实国家九年义务教育课程标准的精神，帮助中小学教师转变课堂教学方式，北京大学出版社出版了《21世纪教学活动设计案例精选丛书》，以帮助中小学各学科教师更好地在国家九年义务教育课程标准的指导下，研究课堂教学，改进课堂教学，提高基础教育的教育质量。

　　我们一直强调教学过程的重要性。因为学生知识的获取，能力的提升，情感的变化都是在教学过程中逐步实现的。教学过程要由一个一个教学活动构成。要想实现有效的教学过程，一定要设计好每一个教学活动，使教学活动符合学生的认知发展水平，符合学生的实际生活经历。在设计教学活动时，要考虑在活动中学生学什么？怎样学？学得怎样？要考虑如何让学生主动学习，合作学习，探究学习。一堂课是否有效与课堂教学活动的好坏正相关，学生是否能成为课堂学习的主人也与课堂教学设计的好坏正相关。因此，研究课堂教学活动的设计是课程改革的需要，是落实国家九年义务教育课程标准的需要，也是中小学教师专业发展的需要。

　　《21世纪教学活动设计案例精选丛书》的编写不以某一版本的教材为依据。它是根据基础教育课程改革的基本理念，依据国家九年义务教育课程标准编写的。这就使本丛书具有普适性，可供使用任何版本教材教学的中小学教师参考使用。本丛书收集的活动设计，有别于教育教学案例，它是课堂教学中的某个教学环节，或是精心设计的导入，或是针对具体学习任务而设计的小游戏。每一个教学活动设计体现了以学生为主体的理念，而且经过了多年教学实践的检验，行之有效。

由于丛书提供的活动类型多样,宛如一个课堂教学活动设计的"超市",各个学科的教师完全可以根据自己教学的实际需要,任意选用或组合,也可以在现有基础上改造与创新。在编写本丛书时,我们并没有强求体例一致,这样,我们可以保存每个教学活动设计的个性与特点,体现教学活动设计的多元化。对于广大的一线中小学教师而言,本丛书是实用的教学参考书,因为本丛书的作者都是来自教学第一线,他们的教学活动设计就是在教学第一线产生的。

《21世纪教学活动设计案例精选丛书》是一套"草根"作品,散发着浓浓的芳草气息,而课程改革的春天不正是弥漫着这股清香味么?愿同行们喜欢它,也期待着你们的指教。

2012年2月
于深圳市教育科学研究院

(禹明:特级教师,教育部教师教育课程资源专家委员会专家,教育部"国培计划"首批教师培训专家,教育部九年义务教育课程标准综合审议专家,教育部外国人子女学校认证专家组专家,深圳大学师范学院兼职教授,教育硕士导师)

编者说明

师范院校的教师职业技能培养的严重缺失，课程改革培训中重理论轻教法的倾向，教师职业技能方面专业引领的不足，这些是导致课程改革中出现诸多问题的重要原因。改变教师的教育理念非常重要，但新的理念不是自然而然地就能转化为新的教学设计和行为的。在这个过程中需要专业技能的支撑，比如如何上好讨论课，如何通过游戏使学生掌握英语的时态，如何使学生通过有趣的活动认识数学的抽象概念，如何让学生通过讨论春游的安排了解人民代表大会的议事程序，等等。新的课程理念只有在这些细节的落实之处才能真正体现出来——这就是我们编写这套《21世纪教学活动设计案例精选丛书》的初衷。

谁是教师职业技能培养的引领者？是那些将自己的热情和智慧奉献给课程改革事业的富有创造性的教师们。南山区的教师们在这方面作出了有益的探索。本套丛书所收集的活动，不同于以往的案例，它是课堂上的一个教学环节，或是一种精心设计的导入，或是一个针对具体的学习任务而设计的小游戏……每一个活动设计都体现了以学生为主体的理念，都已经被教学实践证明是行之有效的好方法。

这套丛书没有依据某一个版本的教材，而是按照课程改革的理念，依据课程标准编写的，这就使得这套丛书具有了普适性，使用任何版本教材教学的教师都可以使用。其中所设计的活动的类型多种多样，宛如一个课堂活动的"超市"，教师可以根据自己教学的需要，任意选用和组合。即便是每本书或每个设计，我们也没有强求体例一致，我们想让每个教师鲜明的个性跃然纸上。这套丛书是教师的实用参考书。

当教师们的职业技能逐渐提高的时候，课程改革的事业就会展现出更加绚丽的前景！我们编写本套丛书的目的，是希望为提高教师的职业技能贡献一份力量。我们也期待热心的读者提出宝贵的意见。

目　录

序 ……………………………………………… 朱慕菊(1)
前言 ……………………………………………… 禹　明(3)
编者说明 ……………………………………………… (5)

可爱的春天 ……………………………………………… (1)
春天来了 ……………………………………………… (5)
美丽的春姐姐 ……………………………………………… (10)
白杨和小河 ……………………………………………… (15)
黄莺鸟 ……………………………………………… (18)
美丽的蝴蝶 ……………………………………………… (23)
小蜜蜂 ……………………………………………… (26)
秋的情怀 ……………………………………………… (29)
堆雪人 ……………………………………………… (33)
过新年 ……………………………………………… (35)
新年好 ……………………………………………… (38)
欢欢喜喜过大年 ……………………………………………… (40)
愉快的劳动 ……………………………………………… (43)
劳动歌 ……………………………………………… (45)
采山 ……………………………………………… (48)
快乐的时钟 ……………………………………………… (51)
有趣的瓜果 ……………………………………………… (53)
闪烁的小星 ……………………………………………… (56)
快乐的火车 ……………………………………………… (59)
一起玩玩具 ……………………………………………… (62)
我有十个好朋友 ……………………………………………… (65)
认识手在艺术活动中的作用 ……………………………………………… (68)
我们的双手会表演 ……………………………………………… (71)
我们的身体语言 ……………………………………………… (74)
蒙古族舞蹈基本训练 ……………………………………………… (78)
草原上 ……………………………………………… (81)
雪山小雄鹰 ……………………………………………… (84)

快乐西藏行	(87)
民族大家庭	(90)
新疆是个好地方	(92)
青春舞曲	(94)
我是少年阿凡提	(96)
咚咚喹	(99)
金孔雀轻轻跳	(103)
我到网上去采风	(106)
每当我走过老师窗前	(109)
你、我、他	(113)
妈妈的爱	(115)
小乌鸦爱妈妈（一）	(118)
小乌鸦爱妈妈（二）	(120)
我爱我的小动物	(123)
可爱的动物朋友	(126)
森林中的故事	(130)
小精灵	(133)
熊猫咪咪	(136)
快乐的音乐会	(138)
天鹅湖音乐会	(140)
《老虎磨牙》打击乐合奏	(143)
我是小小音乐家	(148)
乐手的实验	(151)
音乐童话剧《龟兔赛跑》	(153)
趣味识谱	(156)
浅议"三种唱法"	(159)
多姿多彩话说唱	(162)
迷人的探戈	(166)
黄河——母亲河	(169)
黄河的故事	(172)
牧童之歌	(175)
《十面埋伏》古曲欣赏	(178)
《天鹅》欣赏	(181)
欣赏《匈牙利舞曲第五号》	(184)
我们眼中的音乐剧《猫》	(187)

可爱的春天

【设计理念】

　　本活动的设计是由四个艺术活动组成的,即"找春天——歌曲《小雨沙沙》——感受春天——我为春天来作画"。它们彼此之间不是孤立的,而是融会贯通、相互参透的,并且是环环相扣的,能充分提高孩子们的各方面能力,如:听、说、唱、演、思、画等方面的能力,最大限度地调动孩子们的积极性,使他们在乐中学,学中乐。

【活动目标】

　　1. 让学生充分感受自然界的变化,使学生尽情享受春天带来的喜悦。

　　2. 通过对歌曲的学习、理解和想像,体会歌曲所表现的春的意境,启发学生运用多种艺术手段表现春天的美丽。利用多种艺术形式,多角度地对学生进行综合艺术的启迪。

　　3. 在"体验春天"的基础上,运用绘画、剪纸等方式,让学生在艺术活动中主动参与、愉悦表现,提高艺术表现能力。

【活动准备】

　　1. 教师准备:制作 Microsoft Powerpoint 幻灯片、绘出一幅春天的图画。

　　2. 学生准备:制作打击乐器沙锤、绘出春天的图画、剪刀、胶水。

【活动过程】

　　1. 找春天——视听结合

　　师:欢迎同学们来到艺术课堂,为了欢迎同学们的到来,老师特别准备了一个小礼物送给大家。这个小礼物究竟是什么呢? 现在就请你们认真听听:是谁走进了我们的艺术课堂?

　　师:你都听到了哪些声音?

　　生1:下雨的声音……

　　生2:打雷的声音……

　　生3:小河流水的声音……

　　(学生抢答,教师对学生予以肯定。)

　　师:同学们说得对极了,原来是雨声、雷声、流水声走进了我们的课堂。联想这些声音你会想到一年四季中的哪一个季节呢?

　　生:春天。

　　师:你们能想到春天真是棒极了。原来春天的声音这么美,那春天的景色一定更漂亮。现在就请你们跟随着老师一起去看看春天的景色吧!

师:(屏幕上出现四幅春天的图画。)在这四幅图片中,你最喜欢哪一幅图片?

生1:我最喜欢第一幅图片,因为冰雪融化了,春天快到了……

生2:我最喜欢第二幅图片,因为这幅图片的景色最美丽……

(同学们各抒己见,课堂气氛很活跃。)

师:听了同学们的发言后,老师的眼里满是绿色。满眼的绿色给人以轻松快乐的感觉,老师相信同学们的心情也一定是快乐的。但是,在大自然中有一些小生命它们很不快乐,它们在呼唤:"请给我点水喝吧!我快要渴死了!"听到这样的声音后,你们的心情怎样?你们还开心吗?那你想想办法救救它们好吗?

生1:给那些小生命浇水……

生2:下雨……

(同学们争先恐后抢着说,说了很多好的建议。当一个孩子说到了下雨时,教师予以肯定,并让同学们鼓掌向他表示祝贺。)

2. 歌曲《小雨沙沙》

师:同学们各抒己见,办法都很好!这些小生命会感谢大家的。老师认为你们个个都是有爱心的好孩子。的确,春雨滋润了大地,使万物复苏;春雨滋润了花朵,使花朵更加艳丽;春雨滋润了小草,使小草更加嫩绿;春雨更滋润了埋在泥土里的种子,于是,泥土里的种子高兴地唱起了歌。你听——(歌曲《小雨沙沙》。)

师:听了沙沙的小雨声,埋在泥土里的种子说了些什么?

生1:雨水真甜……

生2:我要发芽……

生3:我要出土,我要长大……

师:现在请同学们一起跟随着老师读一读歌词。

生:齐读、接龙读、分角色读。

师:这一次请同学们用哼唱的方法来哼唱歌曲的旋律。

生:哼唱旋律。

师:同学们的表现真不错,现在请同学们把歌词填到旋律中去。

生:演唱歌曲。

师:这么美的春天,这么及时的春雨,我们该用什么样的心情来歌唱这春雨呢?

生1:快乐的心情……

生2:高兴的心情……

师:那你的表情应该是什么样子的呢?

生:高兴的表情……

师:全班一起做一做高兴的样子好吗?

生:每一个同学都洋溢着灿烂的微笑,全班有表情地演唱歌曲。

师:现在老师有一个问题想问问你们,你们认为《小雨沙沙》这首歌曲哪些地方应该唱得弱一些呢?

生1:我认为"沙沙沙,沙沙沙"应该唱得弱一些……

生2:"在说话,在说话"唱得弱一些……

师：同学们说得真好！

师：这一次请同学们把歌曲中弱的地方唱出来，好吗？

师：同学们在这次演唱中唱得好、表情好，老师为你们感到高兴！现在就请你们把手中的打击乐器拿出来，让我们来为这首歌曲配伴奏吧！

生：（齐奏。同学们用自制的打击乐器，格外高兴。）

师：同学们想一想，你还可以用什么形式为这首歌曲配伴奏呢？

学生用各种节奏型为歌曲配伴奏，教师把各种节奏型潜移默化到学生的心中。

师：歌曲响起，谁愿意到前面把自己的动作加到歌曲中来？

生：我愿意，我愿意……

一些同学戴着头饰跳着、唱着，一些同学用自制的打击乐器为歌曲配伴奏，一些同学拍手演唱。教室变成了欢乐的海洋。

师：同学们的表演棒极了，老师认为你们个个都是小小表演家、小小演奏家。

3. 赞美春天——现实与想像的结合

师：春天的景色很美，而沙沙的小雨也是春天的一道风景，所以就有诗人来赞美它。唐代诗人杜甫就写了一首《春夜喜雨》来描写春雨。

学生欣赏教师朗读。

师：好美的诗呀！好美的春天！那你最想和春天说些什么呢？

生1：春天真美丽……

生2：我喜欢春天……

4. 我为春天来作画

师：同学们说得真好！老师都已经陶醉了。春天真美好！现在老师就请同学们来装扮春天，看看在同学们的装扮下春天会不会更加美丽。（教师拿出一张图画纸贴在黑板上。）

师：现在请你们把剪好的小图片贴到图画纸上，谁愿意？（背景音乐：《春之声圆舞曲》。）

生：我愿意，我愿意……

同学们兴高采烈地把他们剪好的小图片贴到了图画纸上。

师：在同学们的精心装扮下，可爱的春天展现在我们面前，你们喜欢这幅图画吗？

生：喜欢！

师：老师也很喜欢！

师总结：春天的美丽是大自然给予的，更需要我们的保护，我们每一位同学都要保护大自然、爱护大自然。现在就请你们拥抱大自然，在歌舞声中，结束本节课的学习吧！（背景音乐：《嘀哩，嘀哩》。）

【案例评述】

牟老师设计的这个案例能够发现每一个学生的闪光点，充分肯定每一个学生的想像能力、表现能力和创造能力。对学生富有个性化的表现能够马上给予鼓励，使学生树立自信心，能够大胆地参与到学习活动中去，以"兴趣"为主线，让学生快乐地学习。

"传统的教学是准备充分的教师走向毫无准备的学生，新课标下的教学则可能是毫无准备的教师面对充分准备的学生。"尝试新的教学方法对教师的教学艺术和综合素质将有更高的要求。我想说,新课标教学"路漫漫其修远兮,吾将上下而求索"。

【资料链接】

  1. 杨立梅主编:《艺术(一年级下册)义务教育课程标准实验教科书》,教育科学出版社,2002年版。

  2. 人民网科教频道。

(深圳市南山区外国语学校 牟 琳)

春天来了

【设计理念】
　　本活动重点从两个方面来设计：音乐课应该使每一个学生都能从中受益,都能得到发挥潜能的机会,都能从中得到生活的乐趣和美的享受。以学生为主体,以参与艺术实践和探索研究为手段,培养学生创新、实践能力,使学生的个性得到充分自由的发展。

【活动目标】
　　1. 通过有表情地演唱,进一步表达学生对大自然的热爱。
　　2. 准确拍击带有"O"的节奏并进一步创新。
　　3. 通过表演,使学生充分发挥想像力和创造力,加强集体合作的精神,提高孩子们学习音乐的兴趣,发展学生创造性思维的探究过程。

【活动准备】
　　上节课布置各小组的同学共同讨论表演内容,并回家准备表演所需道具。如：郊游所需物品、大树、画夹、背包以及表演唐诗时的道具。

【活动过程】
　　1. 歌曲复习演唱
　　师：《春天来了》这单元歌曲已经学完了,我们学了哪些内容？
　　生：《大树妈妈》、《郊游》。
　　生：还学了《春晓》,聆听了《嘀哩嘀哩》。
　　师：好,现在我们一起带有感情地朗读唐诗《春晓》。
　　生：有感情地朗读唐诗《春晓》。
　　师：同学们朗诵得非常好。现在我们一起来带有感情地演唱歌曲《大树妈妈》和《郊游》。注意歌曲的节奏。
　　生：唱《大树妈妈》、《郊游》。(师钢琴伴奏。)
　　2. 节奏练习与节奏创编
　　师：大家唱得很好,在这单元里我们还认识了"O",现在我们一起来复习一下。(放课件节奏。)
　　　　　　　X　O　　｜　X　O　　｜
　　　　　　O　X　O　X　｜　O　X　X　｜
　　生：手拍口读节奏。
　　师：同学们打得很好。现在我给大家增加一点难度,各小组自己创编一条带有

"O"的节奏,然后各组比赛看哪一组打得最好,最好的小组获红星奖励,由大家来评。

分小组讨论、创编节奏练习,钢琴响,各小组归位。

各组读拍自己创编的节奏,中间一组点评奖励红星,由学生来评价。

师:有请第一组。

第一组起立读拍节奏:

X O | X O | X X | X O |

学生评价获二颗星。

师:有请第二组。

第二组读拍节奏:

O X | O O X | X O | X X O |

学生评价二颗星,认为他们打得很整齐。

师:有请第三组。

第三组读拍节奏:

O X | O X | O O X |

这组获一颗星,同学们评价节奏太短了。

师:有请第四组。

第四组读拍节奏:

X X O | X X O | X O X | X O X |

这小组的评价有的说一颗星,有的说两颗星,因为节奏打得有些乱,不整齐,最后同意一颗星。

师:有请第五组。

第五组读拍节奏:

X O | O X | X O | O X |

学生评价二颗星,打得整齐。

师:有请第六组。

第六组读拍节奏:

O X | O X | X X | O X |

学生评价二颗星。

师:各小组创编的节奏都很好,每组都得了红星奖励。现在我们进入表演小舞台。

3. 创作表演部分

师:根据本单元学过的内容,各组自选内容创编表演。在表演前我想问问同学们,你觉得怎样表演比较好?

生1:我想根据歌曲内容来表现。

生2:我想把我们郊游的情景融入到表演中。

生3:我想一面跳一面唱来表现。

生4:还可以选主持人来主持节目。

师:这个主意很好,大家讲得都不错,各组先讨论表演什么内容,然后综合大家的想法,把你们选的内容表现出来,表演要有创新。此次表演设文明观众星、最佳表演星、最有创意星。最好的组将获得三颗星的奖励。现在我们先选出主持人二名。

一位男同学自我推荐当主持,另一位由同学选出,全班同学同意他们二人当选主持人。

师:有请两位主持人上场。(鼓掌欢迎。)

师:主持人选好了,主持人的任务就是了解各组表演的内容,并安排演出顺序。现在分组讨论并排练。

学生分组讨论练习,各组讨论热烈,排练都很认真。音乐响回位坐好。

主持人:表演小舞台演出现在开始,首先请第一组的同学上场,掌声欢迎。他们表演的是《郊游》。

(1)第一组表演,放课件音乐。

随着音乐声,第一组表演开始,他们一面唱一面跳,表演郊游时的情景。有的同学背着背包,有的拿着画夹、画具,并准备了矿泉水,同学们现场还充分利用一些道具,如:凳子作锅,双响筒的棍棒作为烧火柴,来表演野炊时的情景,气氛很热烈,很受欢迎。表演完同学们热烈鼓掌。

主持人:感谢第一组给我们带来了精彩表演。现掌声有请第三组,他们表演的是朗诵唐诗《春晓》。

(2)第三组表演,放课件朗诵《春晓》。

第三组的男同学手里拿着自制的扇子一面扇一面朗诵唐诗《春晓》。女同学有的扮演小鸟在飞翔。有的拿着花篮,花篮里还有自己剪好的花瓣,她们在表演落花时的情景,表演很成功。表演完毕,同学们给予热烈的掌声。

主持人:演得真好,有创意,感谢第三组。下面有请第四组,他们表演的是《郊游》,掌声欢迎!

(3)第四组表演,放课件音乐《郊游》。

同学们排成一队,在组长的带领下,欢跳着跑进了场中间,他们背着包,精神抖擞地表演着,还加进了很多舞蹈动作,欢快热烈。他们的表演感染着其他同学,大家一起为他们拍手打节奏,跟着他们一起演唱。

主持人:谢谢第四组的激情演唱。有请第六组,他们表演的是诗朗诵唐诗《春晓》,掌声有请他们出场。

(4)第六组表演,放课件音乐《春晓》。

看到第六组的化装同学们都乐开了。他们扮演的是古时候的文人墨客,有的手里拿着扇子,下巴上还贴着胡子,有的在下棋,还有观棋的,有的同学表演小花,有的同学扮演小鸟在飞翔,还安排了一位朗诵,可谓丰富多彩。表演完毕,同学们开心极了,报以热烈的掌声。

主持人:第六组的表演让我们一起目睹了古代文人的风采。有请第五组,他们表演的是《郊游》。大家欢迎。

(5)第五组表演,放音乐《郊游》。

第五组的设计也很精彩。同学们背着包,手拉着手,越过小溪,跳过沟坎,来到了大自然中。他们欢笑着,玩耍着,唱着歌,还有一位同学来拍集体照。表演逼真,想法一个接一个,点子真多。真是很棒。同学们热烈地鼓着掌,好像自己也来到了大自然中。

主持人:第五组的表演真是很精彩。下面表演的是第二组,他们表演的是《大树妈妈》,掌声欢迎。

（6）第二组表演,放音乐《大树妈妈》。

生：请老师和我们一起表演。

老师愉快地接受了。孩子们自己还做了一棵大树,从家里带来学校,准备表演《大树妈妈》,还剪了一些树叶。孩子们围着大树唱着、跳着,老师也融入其中和他们一起表演,似乎真的成了大树妈妈。表演完,孩子们热烈鼓掌。通过表演,师生间似乎更亲近、更融洽了。

主持人：谢谢第二组的表演,谢谢老师的加入。演出到此结束,有请老师点评。

4. 学生评价

师：各组表演得都很好,现在由同学们来评一评哪一组最好,讲一讲为什么。

生1：第一组、第六组,他们的表演比较有个性。

生2：我认为都很好,因为每个组都有自己的想法。

生3：我觉得我们组也很好,同学们排练很认真,很团结。

生4：老师和我们一起表演,也应该给她红星。

师：谢谢大家。今天大家的表演都很出色,每个节目都有创意,每组奖励几颗星(表演前所设的文明观众星、最佳表演星、最有创意星)？

生：三颗星。

师：好,每组三颗星。

生：鼓掌(师贴星)。

师：现在我们一起表演《郊游》,师生同台表演。

课件展示,师生表演。

师：大家表演都很好,根据各组得星情况,今天我们班获得5＋5星班。

生：欢呼！YEAH！

师：希望同学们进一步努力,充分发挥想像力和创造力,把每首歌曲表演得更加出色。谢谢同学们！

生：谢谢老师！

【案例评述】

这节活动设计从整体来说能注意以音乐为主线贯穿始终,课程内容设计生动有趣,丰富多彩,在每个环节都能调动学生的积极性,引导学生主动参与音乐实践,发展学生的创造性思维,活跃课堂的气氛。

在节奏复习中引入节奏创编,增强了学生音乐表现的自信心,对个别害羞的同学还起到一个帮助作用。培养了学生的创新能力,各组在编创活动中能体现节奏的相同与不同,能达到预期目标。

各组自选本章节的内容表演,自己准备所需道具,让每位同学参与其中,使每个学生都能从中受益,得到发挥潜能的机会。比如第一组再现了郊游时野炊的情景,体现了孩子们的童趣,而且充分利用身边的资源,画板、凳子,连双响筒的棒都利用起来,充分体现了学生的想像力和创造力。第六组表演的《春晓》,学生自己准备胡子,纸折成的扇子,及孩子的带有感情的朗诵,都是孩子们自己设计的,很有孩子的个性。最让我感到高兴的是,我从一个观众变成了演员。第二组表演《大树妈妈》的同学邀请我一起参加表演,老师是朋友也是妈妈,他们把我看成了他们的朋友。在表演中,我真的感到是他们中的一员,跟他们一起表演是那样的亲近、自然。孩子们亲手做了一棵大树,真的很美。真正让我感到一切音乐都是情感的体验,以音乐的美来感染学生,以音乐中丰富的情感来陶冶学生,使他们能终生喜欢音乐。

　　在教学实践过程中,评价是一个重要方面。这节课在评价上由学生来决定,有自评、互评、他评,还有对老师的评价。体现了师生之间的平等,体现了评价的民主性。最让我难忘的是,我参与了表演,学生提议也要给我奖励红星。在他们的心目中,老师只是指导,很少参与表演,而我能接受他们的邀请和他们一起表演,和他们的心贴得更近了,学生喜欢朋友式的老师,我也有幸成为他们中的一员,真是让我很感动。

　　这节教学活动的设计能注意这一阶段学生好奇、好动、模仿力强、愿表现的身心特点,采用歌舞、图片等综合手段进行直观教学,充分发挥了学生的想像力和创造力,开发了学生的音乐感知力,体验了音乐的美。

(深圳市南山区育才三小　杨　燕)

美丽的春姐姐

【设计理念】
　　艺术课程综合了音乐、美术、戏剧、舞蹈等艺术领域,因此在实施的过程中,如何进行综合成为艺术课程中最受争议的中心问题。艺术教学一度走入误区,艺术课程的综合被简单地理解为将几种艺术形式像拼盘一样地凑在一起,这使很多教师感到艺术课程难以实施,一节课看似热热闹闹丰富多样,却是走马观花流于形式,结果是学生什么也没有学会。面对这些问题,我根据艺术课程的特点进行研究,发现艺术课程是按照主题单元来进行的,因此我以"主题式综合艺术"形式来设计《美丽的春姐姐》这一课。"美丽的春姐姐"就是一个人文主题,本课运用能够丰富表现这个主题的艺术形式进行综合,进行尝试。

【活动目标】
　　1. 学生通过读童谣、听歌曲、欣赏大自然美丽景色等活动,感受自然界的变化,尽情享受春天带来的喜悦。
　　2. 学生通过对歌曲的学习、理解,体会歌曲所表现的春的意境。
　　3. 学生尝试运用舞蹈、戏剧、表演等多种艺术形式表现春天的美丽,提高其艺术表现能力。

【活动准备】
　　1. 师生收集与春天相关的资料。
　　2. 教师准备相关教学磁带与教具。
　　3. 学生准备美术用具。

【活动过程】
　　1. 导入课题
　　学生随着歌曲《春姑娘》优美的旋律进教室,大屏幕上展示美丽的春景图。(创设美的情境,让学生初步感受春的色彩、春的气息、春的旋律。)
　　师:欢迎小朋友来到艺术课堂,请你们听赏这首歌曲《春姑娘》,可以轻声跟着唱一唱。
　　师:请小朋友们说一说听到了什么?
　　生1:我听到小鸟在唱歌的声音。
　　生2:我听到有春姑娘、小红花、小绿草。
　　师:说得真好,今天我们一起去寻找美丽的春姐姐!

2. 动画故事：小花籽找春天

播放课件,教师在优美的画面和音乐声中讲述故事。(结合一年级学生特点,激发其学习兴趣。)

师：有一个小家伙也在找春姐姐,让我们来看看它是谁?

设置情境,故事导入：小花籽找春天。大屏幕播放课件：动画"小花籽找春天"。教师配乐画外音。

师：有一个可爱的小花籽从花妈妈的怀里醒了过来,它高兴地说："我要去找美丽的春姐姐。"它看见青蛙,问："青蛙,你看到春姐姐了吗?"青蛙高兴地跳起来说："看到了看到了,她马上就要来了。"小花籽一看,哇！美丽的春姐姐正向自己飞来。小花籽问春姐姐："你从哪里来呀?"春姐姐拉起小花籽的手说："我呀,从寒冷的冬爷爷那里来。你跟我一起去看看吧!"

师：小朋友们,让我们和小花籽一起看看春姐姐究竟从哪里来。一会儿把你看到的、听到的告诉老师。

多媒体展示各种配乐图片：大雪纷飞、冰雪融化、冰柱滴水、小河流水、万物复苏、小鸟歌唱……

师：小朋友,请说一说你听到了什么？看到了什么？

生1：我听到了流水和小鸟的声音。

生2：我听到冰雪融化的声音。

生3：我听到泉水丁丁东东的声音。

生4：我听到有些小冰块掉下来的声音。

生5：我看到大雪过去以后,冰块裂开,春天来了。

生6：很多植物醒了,万物复苏了。

生7：小燕子从寒冷的北方飞回来了。

3. 看一看,演一演

多媒体展示春天的各种图片,学生欣赏后用形体动作来表现自己所喜欢的春天的各种小事物。(唤起学生已有的知识及情感体验,引导学生运用舞蹈动作表现自己的情感。)

师：春姐姐真漂亮呀！老师这里收集了几张春天的照片,我们一起来欣赏一下好吗?

大屏幕展示一组关于春天美丽景色的图片,孩子们一边欣赏,一边即兴为图片设计名字。

师：春姐姐是这么美丽,让我们来和春姐姐照张照片好吗?

生：好呀！

师：你们可以装扮成自己喜爱的小花、小草,或是春姐姐身边的各种事物。我来为最美丽的小朋友照照片。

孩子们从座位上下来,装扮成自己喜欢的各种样子。有的小朋友举起双手扮成随风轻拂的柳树,有的扮成小花、小草、小溪流,还有的扮成小动物……

教师用手架起一台"照相机"。

师：请朝这边看,露出你们最美丽的笑容。预备——,开始。咔嚓,这是一张最美丽的照片。

生：老师，我是柳树。现在有风，你看我在跳舞呢！

4. 学唱歌曲《春天到了》

听赏歌曲《春天到了》，学生模仿教师静静地、有感情地欣赏歌曲。

师：哪个小朋友告诉我你听到了什么？

生1：我听到小鸟在唱歌。

生2：我听到杨柳随风飘。

生3：我听到青蛙妈妈，还有青草。

师：你们听得真仔细，我们来看看歌词。

大屏幕出示《春天到了》的歌词。学生逐句熟悉、朗读歌词。教师辅导。

教师结合柯尔文手势进行逐句范唱，学生进行歌唱与手势的模仿。

师：请小朋友跟着音乐唱一唱，可以在座位上根据歌词进行动作表演。

生跟歌曲演唱，进行舞蹈即兴表演。

师：我请几位小舞蹈家到前面来带领大家表演。

五位学生自愿到前面，随歌曲带大家表演。

5. 欣赏与制作

（1）欣赏动画作品。

师生共同欣赏动画作品《不肯冬眠的小熊》。

师：欣赏了这个动画，你有什么感想吗？

生：我要感谢小熊，是它让春姐姐早早地来到我们身边。

生：我觉得画面很漂亮，有很多美丽的花草和小动物。

师：是呀，春姐姐是美丽的，我们请她出来吧！

教师出示一幅美丽的春姐姐图，贴在黑板上。

生：哇！好漂亮呀！

（2）利用手边的材料制作小花、小草，装扮美丽的春姐姐。（结合影视动画的欣赏及美术制作，让学生在丰富多彩的艺术活动中，领略多种艺术形式的美。）

师：请小朋友拿出准备的彩纸和剪刀，把春姐姐的衣裳装扮得更加美丽。

播放歌曲《春姑娘》做背景音乐，学生制作小花，并将剪好的小花贴在黑板上的春姐姐图上。

6. 童谣创编与表演

（1）朗读童谣《小豆芽芽》。

（2）童谣接龙。

（3）用身体创作出各种声音，表演童谣。

（4）图片欣赏：它怎么了？为小豆芽设计一句话。（将节奏创编融入儿歌诵读中，激发学生兴趣，提高其艺术创造能力。）

师：你想它此刻的心情怎样，能为它设计一句话吗？

生：我渴死了，给点水吧！

生：我真倒霉，怎么长在这里？谁来救救我呢？

（5）设问：它最需要什么？朗诵古诗《春夜喜雨》。

师：它真的需要帮助,春姐姐知道了赶快送来了礼物——春雨。我们看看小豆芽好了吗?

大屏幕出现图片,小豆芽在春雨的滋润下,长高、变漂亮了。

生：好棒呀!

师：你们看,春雨是很宝贵的。所以我们中国有句古话：春雨贵如油,就是这个意思。我们学过一首古诗,叫做《春夜喜雨》,让我们一起来背诵。

师生背诵古诗,并配动作进行表演。

(6) 歌表演《小雨沙沙》。(结合文学、歌表演等艺术形式,激发学生的情感,引发其对春天的关爱。)

师：不只是小豆芽得到春雨的滋润,花在春雨的滋润下也更鲜艳了,小草在春雨的滋润下唱起了快乐的歌,让我们一起歌唱吧! 你可以找小伙伴一起表演。

学生下座位自由组合进行歌表演《小雨沙沙》。

7. 保护美丽的春姐姐。

(1) 情景设置：春姐姐怎么了?

播放歌曲《春姐姐》,忽然中断,大屏幕上出现春姐姐图,但却有污点在上面。

师：发生了什么事?

生：工厂的大烟囱总放黑烟,春姐姐被污染了。

师：其实,除了大烟囱总放黑烟,还有人乱丢垃圾造成了春姐姐这个样子。

生：破坏了春姐姐,就是破坏了我们的生活。春姐姐不美了,我们生活的地方也不美了。

(2) 戏剧角色表演：保护美丽的春姐姐。(结合戏剧表演的艺术形式,通过师生分角色的表演,深化人文主题。在艺术活动中,提高学生的艺术表现能力,激发其保护春天、保护生活环境的愿望。)

师：我们进行一个表演,我来扮演搞破坏的人,你们谁能说服我,让我懂得保护春姐姐?

生：如果你是春姐姐,别人把你的衣裳弄得脏脏的,你会怎样?

师：我当然很生气。

生：对呀,那你为什么要破坏春姐姐呢?

师：我才不管别人呢!

生：我要联合春天的小花、小草、小动物打跑你这个坏蛋。

生：打她! 打她!

学生们纷纷从座位上下来朝教师冲过去,教师赶紧作出投降的样子。孩子们胜利欢呼!

8. 歌表演《春姑娘》,音乐中再见

师：还是把春姐姐还给你们吧!

大屏幕上出现干净、美丽的春姐姐图,孩子们拍手欢呼。再次响起《春姑娘》的音乐,师生共同演唱、表演,在优美的旋律、温馨的气氛中互道再见!

【案例评述】

本活动设计结合一年级学生的特点,主要以故事、游戏、律动、剪纸等学生喜欢的形式来设计教学。将多种艺术形式自然地进行融合,而这些艺术形式又都巧妙地为主题"春姐姐"服务,从而使主题更加突出、更加鲜明。让学生在丰富有趣的艺术活动中领略到多种艺术形式的美,同时又给予了学生在艺术领域中通感通识的综合与学习,做到了艺术形式与教学内容的有机结合。

【资料链接】

杨立梅主编:《艺术新课程标准实验教科书》一年级下册《可爱的春天》,教育科学出版社,2003年版。

(北师大南山附属学校小学部　王　敏)

白杨和小河

【设计理念】

　　五年级的同学,在平时的音乐学习中,已经积累了不少的音乐活动的体验和经验。为了发掘他们的创造性思维能力,培养具有实践能力的创新人才,教师应为他们提供一个施展才华的舞台。在音乐活动展示课上,教师应把自己置于参与者和服务者的地位,有心做学生的领路人、合作伙伴、做一位观众。使学生敢想、敢做、敢创造,努力营造生动活泼的气氛,从而最大限度地发挥学生的创作潜能。在对学生的评价上,主要对学生的艺术能力和人文素养方面的进步做出肯定的评价,并寄予更高的希望。

【活动目标】

　　1. 以《白杨和小河》为题材,编创不同的艺术表演形式,挖掘和拓宽教材的隐性内容,教育学生热爱大自然、保护环境。

　　2. 通过集体表演活动,培养学生的群体意识和合作精神。

　　3. 通过编创和表演活动,发掘学生的艺术创新能力。

【活动准备】

　　常用的乐器和电教设备。学生活动用的道具根据活动的需要由学生自己制作和准备,如有困难找老师提供帮助。

【活动过程】

　　师钢琴弹奏《白杨和小河》旋律,学生手拍节奏进入教室。

　　师:踏着这欢快的旋律,同学们来到了音乐教室。非常高兴能和你们一起共度这美好的时光。上节课刘老师布置了一个任务,请你们根据《白杨和小河》这首歌的题材编创成不同的艺术形式来表演,黄莺组和云雀组都准备好了吗?先请黄莺组组长来介绍你们组的准备情况。

　　黄莺组组长:我们组创作了一个儿童剧,情况嘛,大家看了就知道了!

　　师:那么大家就拭目以待了。掌声有请黄莺组上来表演儿童剧!

　　以下由黄莺组组长组织。旁白、钢琴、伐木人、打鸟人、扔垃圾人各由1名同学担当或扮演,少先队员、小河、白杨各由4名同学扮演。背景和头饰制作都是由同学自己来完成的。

　　1名同学把盘放入电脑,4人牵着蓝色纸带扮演小河,4人头带自制的头饰扮演白杨。

旁白：（配钢琴音乐朗诵）天空晴朗，彩霞闪光，我们的心情哟，像鸟儿一样舒畅！我们来到田野，小河在静静地流淌，岸边的小白杨哟，在晚风中轻轻吟唱。鸟儿、野花和我们联欢，快乐和温馨在胸中激荡，祖国的山山水水和我们相聚，少年的神采如诗般飞扬。青山说：攀登吧！饱览无限的风光。绿水说：前进吧，把保护大自然的歌高唱。哎！有人来了，看他们在干什么？

表演：少先队员在嬉戏。伐木人用斧子砍树，小白杨哭，少先队员把伐木人赶走。打鸟人打鸟被少先队员制止（口哨模仿鸟叫声、打击乐模仿放枪声），一边走一边吃东西扔垃圾的人被少先队员制止。

旁白：不爱护环境的人被赶走了，田野又恢复了往日的宁静和美丽。听！岸边的白杨唱起了欢快的歌。（播放伴奏、齐唱歌曲《白杨和小河》。）

师：黄莺组的儿童剧非常有创意，几个角色的表演也是惟妙惟肖。请主创人员来说说你为什么会想到编这个剧。

黄莺组组长介绍创作过程。

师：剧中用口哨模仿鸟叫声、打击乐模仿放枪声很有想像力，是谁想到的？

学生：口哨是听了欣赏曲《苗岭的早晨》，放枪声是听了《彼得和狼》受到启发想出来的。

师：旁白是谁写的？背景是谁设计的？头饰是谁做的？道具是谁做的？（学生回答。）真是凝聚了集体的智慧，所以才表现这么出色。同学们，看过表演你们懂得了什么？

学生讨论、发言。

师小结：美丽的自然环境要靠我们人类去保护。如果我们每个人都像刚才剧中的少先队员一样爱护树林，爱护环境，给白杨和小河一个良好的生存环境，我们的家园一定会更加美好，这个世界就会更加和谐与安宁。

师：现在轮到云雀组上来表演了，请云雀组组长来介绍一下你们的节目。

云雀组组长：我们云雀组用歌舞的形式来表现《白杨和小河》这首曲子，我们对歌曲进行了处理，有领唱、齐唱、对唱，还有舞蹈。由小钢琴家、小提琴手、萨克斯手、还有自制乐器的同学一起担任伴奏。

师：掌声欢迎黄莺组上来表演儿童剧！

云雀组歌舞表演。钢琴1人，小提琴2人，萨克斯1人，自制乐器伴奏若干人，领唱2人，领舞3人。

师总结：云雀组的同学们表演得很出色，舞蹈跳得很美，演唱形式丰富多彩，西洋乐器伴奏的同学展现了熟练的演奏技能。自制乐器伴奏的同学，勤动脑动手，很有创造力。让老师看看你们的乐器是什么做的，如何演奏？（学生演示。）这个节目美中不足的是伴奏显得比较单调、零乱。希望在音乐伴奏的配合上多动脑筋，多下工夫（举例）。下面我们来练练几个节奏型，等一下再来伴奏，看看会不会更好听。

老师引导学生练几个节奏型。

师：你们可以编创出与老师不一样的节奏型吗？让我们大家一起来练习同学们自己创作的节奏型。

学生编创节奏型，师生一起练习。

师：让我们用同学们自己创作的节奏型来为旋律伴奏。

师生伴奏练习。

师：欢乐的时光总是过得这样快，就要下课了。通过活动，老师认为咱们班是一个集体凝聚力很强的班级，是一个团结合作好的班级，是一个创造力强的班级，希望同学们再接再厉，今后创作出更好的节目。

【案例评述】

这节音乐创编活动课上得非常成功，特别是学生能拓宽教材内容，创编成既有配乐诗朗诵又有情景表演的儿童剧，令我非常佩服。实践证明，只要给学生多一些空间，他们的创造力是无限的。

我任教的这个班，用的是人音版的老教材，但老教材也可以用新的理念和新的方式来教学。我很重视学生的创造能力的培养，几乎每一课学习后，都设计了编创和展示活动。这样持之以恒地积累，学生的经验越来越多，思路越来越广，表演的水平也就越来越高了。在这次活动课中，编导、电脑背景、头饰、部分乐器的制作都由学生完成，学生真正地成为了课堂的主人。

【资料链接】

人民音乐出版社音乐教育编辑室主编：《音乐（第十册）》第七课《白杨和小河》，人民音乐出版社，2002年版。

（深圳市南山区育才三中　刘　霞）

黄莺鸟

【设计理念】

　　新的课程标准与理念要求教师由"主宰"地位转为"引导"地位,从"独奏"角色转为"伴奏"角色,从"表演"变为"导演",从"独唱"变为师生"合唱"。根据新课程改革的标准与要求,本活动设计的理念是让学生通过"换位",经历自主、合作、探究等实践,从中领略和获取知识的快乐,并最终开发学生的音乐潜能。

【活动目标】

　　1. 学生通过自主探究,掌握歌曲三拍子的强弱规律和二声部歌曲的音准节拍。
　　2. 培养学生合作学习的精神。

【活动准备】

　　录音机、教学磁带、打击乐器、竖笛、单簧管、长号等。

【活动过程】

　　1. 听《黄莺鸟》,感受理解歌曲

　　上课铃响。学生在《黄莺鸟》的音乐声中走进教室。师生问候。

　　师:刚才同学们听的歌曲好听吗?(生:好听。)这首歌表现的情绪是怎样的呢?(生:欢快、快乐、高兴。)这首歌就是我们今天要学习的第6课。这节课我们的学习重点是掌握好二声部歌曲的音准和节拍,较好地掌握3/4拍的强弱规律,为这首歌曲配打击乐节奏。跟往常一样,这个任务要求同学们自己自学和跟其他同学合作来完成。我们班的同学有这个能力吧?

　　(开宗明义,讲清目标,提出自主学习与合作学习的要求。)

　　全班同学:有!(学生情绪高昂,兴趣盎然。)

　　师:好!那我们先听这首歌曲,同学们边听边自己打节奏,但是注意不要跟别人学,自己用自己的方法。

　　(强调各人用各人的方式,尊重个体体验。)

　　收录机放出歌曲,学生打出3/4的节奏,有的在空中划出,有的在腿上打出。多数同学强弱及节奏都较准确。但学生比较拘束。

　　师:刚才同学们是不是有点紧张?好像有些同学对这首乐曲表现的情绪还不太清楚,表现不是很准确。大家再体会一下这首歌曲的情绪是欢快的还是抒情优美的。(师再播放一段歌曲。生:欢快地打出节奏。)好,这次表现比较准确了。这首歌等一下我们再练习。下面请大家翻开书,先来看看第6课的综合练习,思考一下这首乐曲可以分成几个段落,各个段落在旋律和节奏上有什么特点,想好后可以用笛子吹出来给大家听。

2. 议《黄鹂鸟》,把握歌曲情绪,自主实践歌曲处理

生1:我觉得这首乐曲可以分成两段。第一段从第一小节到第八小节,第二段从第九小节到结束。(吹笛示范。)

师:为什么这样分呢?

生:因为第一段节奏上较密,第二段节奏上较疏。

师:有道理。其他同学呢?

生2:我的意见和他一样。

师:你能吹一下吗?(生分别吹出两段。)

师:还有其他意见吗?没有。两个同学意见比较一致,吹得也不错,节奏把握也比较准确。下面请大家讨论一下怎样完成这节课的学习任务。

生1:我觉得大家应该请管乐队的同学吹奏(管乐),其他同学唱,分成两个声部。

生2:我认为应该分成两队,各自先练习,再合起来练习。

师:大家觉得哪种方法好一点?(生小声议论。)那咱们还是分成小组吧!

学生分成4个大组,教师指定组长。各组长组织本组的同学用竖笛吹奏。教室里笛声一片。

(学习方法由学生讨论后决定。)

师:(约5分钟后示意学生暂停)下面请各个组长汇报一下你们的学习情况。

生1:我们组先吹一、二部分,有的人只会一半,其他同学就帮一把。

生2:我们组发现一声部比较好吹,所以我们就重点练习二声部。

生3:我们有些同学吹得不太好,就大家带着吹。

生4:我们分成两个组,先自己练习二声部,再合起来练习二声部。

生5:我们组的同学把最后三拍拖成了四拍,不够准确。

(学习情况由学生自己小结。)

师:两个声部配合好是有点难。看来大家都发现了二声部要难一点。吹二声部的同学请举手。(学生举手。)二声部的同学先齐奏一遍。(生齐奏。)

师:还不太理想。是有点难。下面我们听一遍,大家可以跟着录音小声哼唱,边唱边打节拍。

放录音,生边哼边打节拍。

师:注意强弱啊!

提示后,学生立即有改进,3/4拍的强弱弱很明显了。

师:找到速度感没有?现在对这首乐曲的速度把握好点了吧?现在二声部的同学吹,一声部的同学小声唱。(学生按要求做。)注意刚才讲的问题!好,现在交换,一声部的吹,二声部的小声哼唱。(学生按要求做。)注意换气。不错。现在两个声部一起来。(学生完成较好。)

师:现在大家对整首乐曲比较熟悉了。下面看一看,这首乐曲节奏是怎样的,怎么配打击乐。

(学生小声讨论,约2分钟后发言。)

3. 创《黄鹂鸟》，探究创新歌曲意境

生：这首乐曲是3/4拍的，可以用木鱼，第一拍强，第二拍弱，第三拍强；再加铃鼓，第一拍打一下，第二拍和第三拍摇；还有沙锤，也是强弱弱；再加上三角铁，第一拍敲一下，后两拍不敲。

学生边说，教师边在黑板上写下：

木　鱼　×　×　×
铃　鼓　×　～　～
沙　锤　×　×　×
三角铁　×　—　—

师：第一拍会不会太重？其他同学有没有补充？

生1：可以加双响筒，头拍重，后两拍轻。（师在三角铁下面一行又写上：双响筒×××。）

生2：沙锤先空着，第一拍不打，后两拍打。（师把沙锤的第一拍擦掉。）

生3：木鱼和双响筒第三拍都打，全打强拍。

生4：我觉得这样不好，打击乐太多了，应该去掉木鱼，因为它声音低沉，和双响筒差不多。

（学生发言热烈，积极性高，各抒己见，主体作用突出，从课堂氛围和发言水平看，绝非作秀，绝非一日功夫。）

师：我也赞成这个意见。木鱼和双响筒音色差不多，去掉一个就好了。（师擦去双响筒一行字，黑板上出现学生讨论过后的配器图。）

（配器完全尊重学生意见。）

木　鱼　×　×　×
铃　鼓　×　～　～
沙　锤　×　×　×
三角铁　×　—　—

师：现在我们请四个同学上台来试一下。（学生四人上台）你们自己安排。（学生每人拿起一样打击乐器。）我们还要请一位同学来划节拍。（又请一个同学上台，面向全体学生。）你们怎么办？左边的同学吹奏，右边的同学唱吧！好，预备——开始！

学生一人指挥，全体同学吹的吹，唱的唱，打的打，课堂里异常热闹。

师：注意，沙锤的第一拍是空出的。（经提醒，拿沙锤的同学纠正了过来。）（一遍演奏完毕。）

师：大家觉得怎么样？

生1：加点其他乐器就好了。

师：加什么乐器？

生1：加管乐，我们班吹奏管乐的同学多，可以加上管乐。

生2：可以来三遍，第一遍用管乐，降B调，后两遍用竖笛，C调。

生3：老师，还可以加点舞蹈的。

（演奏情况由学生小结并反复思考怎样更好。）

师：现在跳得出来吗？这节课没时间编动作了，下节课吧，行吗？好，现在我们第一遍用竖笛,第二遍用管乐,第三遍再用竖笛。

（又有学生举手。）

生：老师,可以这样：第一遍竖笛吹奏时,管乐队的同学唱；第二遍管乐队的同学演奏时,竖笛队的同学唱；第三遍管乐队的同学又唱。

生：这样行吗？

生全体：行！

（学生不断要求发言,参与性和学习积极性很高。）

师：好！开始——（按以上安排演奏。学生个个参与,无一例外。）

师：刚才老师忘记说了,我们既有高音乐器,又有低音乐器,何不低音奏二声部呢？管乐队的同学高音乐器奏一声部,低音乐器奏二声部。刚才唱的声音有点小,好像听不见,大声点,再来一遍。开始！（学生按要求奏的奏,唱的唱。）

师：下面用竖笛再来一遍。两个声部分开,注意节拍的强弱力度表现。（学生按要求又来一遍。）

师：很好,节奏也打得蛮好。刚才的演奏节拍音准和两个声部的配合都不错,听起来很和谐,给我们带来了美的享受。刚上课时大家就已经感受到了歌曲的优美、欢快,现在我们又能够把这种情绪表现出来,同学们真不简单。好,现在请大家把乐器放回原位,坐好,翻开书30页。刚才我们有没有用到节奏型呀？

生：已经用到了。

师：对,我们一上课就已经用到了。大家练习的节奏型是不是和书上的一样呢？

生：不一样。

师：对,这就是我们的创造性的学习,我们要时刻注意举一反三,要有创新意识。

（及时总结强化学生的创新意识。）

（下课铃响。）

师：这节课同学们基本掌握了三拍子的强弱规律,二声部也把握得比较好。下节课我们再配上舞蹈,有唱的,有跳的,又有乐器伴奏,就会把这首歌表现得更好。下课。

收录播放歌曲,学生在歌曲中愉快地离开教室。

【案例评述】

本活动设计可以说是彻底地改变了以往传统的教学模式。

1. 充分体现了学生是学习的主人。从教学方法的选择,学习过程的组织,学习情况的小结和评价都可以看出,学生的学习积极性很高,因为他们是真正说话算数。这样学生才可能长久保持高昂的学习兴趣和积极性,这说明老师真正发挥好了学生的主体作用。

2. 注重学生创新精神的培养。没有平等就不会有创新。正因为老师营造了平等和谐的学习氛围,学生才会在配器等环节上不断有新意,享受到创造的乐趣。创新的基础在民主,有教学的民主,才会有教学的创新。

3. 合作学习的能力已初步养成。新课标提出："充分利用音乐艺术的集体表演形式和实践过程,培养学生良好的合作意识和在群体中的协调能力。""这种相互配合的群体音乐活动,同时也是一种以音乐为纽带进行的人际交流,它有助于养成学生共同参与的群体意识和相互尊重的合作精神。……对社会音乐生活的关心,对班级、学校和社会音乐活动的积极参与,将使学生的群体意识、合作精神和实践能力等得到锻炼和发展。"学生能自己分小组组织练习,任务落实而不是流于形式,并且能够先攻克难点,再两个声部配合,全班多次配合,这些都说明了学生认识到了合作协调的重要性并有较强的合作能力。

4. 学生已培养起了对音乐的浓厚兴趣。课堂上孩子们吹打奏唱,个个全神贯注,积极参与,无一例外,课堂气氛异常活跃,没有浓厚的兴趣是办不到的。"兴趣是最好的老师",有了这样点点滴滴的培养,孩子们的音乐感悟、音乐修养一定会逐步提高的。我们所希望的利用音乐提高学生的审美能力,发展学生的创造性思维能力,形成良好的人文素养的目标就一定能达到。

【资料链接】

1. 人民音乐出版社音乐教育编辑室主编:《音乐(第八册)》第六课《黄莺鸟》,人民音乐出版社,2002年版。

2.《中国音乐教育》,人民音乐出版社。

(深圳市南山区西丽小学　赵旋芳)

美丽的蝴蝶

【设计理念】
　　本教学活动设计通过让学生感受美、欣赏美,最终实现让学生表现美和鉴赏美的目的。为实现教学目标,采用了音乐、美术、戏剧、舞蹈、影视等多种艺术表现形式,并且紧紧围绕《美丽的蝴蝶》这一主题展开。本节课注重知识技能与人文素养的结合,课堂教学突出一个"美"字。

【活动目标】
　　1. 尝试运用音乐、美术为主的多种形式的艺术表现手法让学生获得综合性的艺术体验。
　　2. 学生通过欣赏乐曲、演唱歌曲、欣赏图片、剪贴蝴蝶等艺术活动充分感受蝴蝶的美丽,从而激发学生热爱大自然、热爱蝴蝶的情感。

【活动准备】
　　1. 多媒体课件。
　　2. 剪刀、彩纸、铅笔等。

【活动过程】
　　1. 欣赏钢琴曲《蝴蝶》
　　(通过欣赏这首乐曲,首先能够让学生从听觉上感受乐曲的形象,揭示课题。另外,通过让学生表演蝴蝶飞的动作,激发起学生学习的兴趣,使学生进一步感受蝴蝶美丽、可爱的形象。)
　　师:同学们,今天老师带来了一首非常好听的曲子,请同学们听一听这首乐曲表现的是哪种小动物或小昆虫的形象?想像它们在干什么呢?
　　生1:这首曲子表现的是小松鼠。
　　生2:这是蝴蝶在花丛中飞舞。
　　生3:这是螳螂在蹦蹦跳跳。
　　生4:这是蝴蝶在采花粉。
　　师:同学们说得都很好,这首曲子非常轻松、活泼,当然适合表现那些活泼、可爱的小动物了。这首曲子的原名叫《蝴蝶》,今天我们就来学习《美丽的蝴蝶》这一课。谁能学一学蝴蝶是怎样飞的?
　　生:表演。

师：请同学们一起表演蝴蝶飞的动作,当音乐停止的时候,请同学们摆出一个蝴蝶的造型。

学生集体表演。

2. 欣赏蝴蝶图片

(请学生欣赏图片,一方面让学生了解蝴蝶的色彩、形状以及外形等特征,另一方面唤起学生原有的生活经验,让学生产生情感上的共鸣。)

师：同学们,今天老师还带来了许多关于蝴蝶的图片,请同学们仔细欣赏。

师：看完这些图片你们有何感受？能用一两句话表达你的感受吗？

生1：我真希望变成一只美丽的蝴蝶,在天空中自由地飞翔。

生2：我也想变成一只美丽的蝴蝶,这样我就可以采花粉送给我的小伙伴吃。

生3：蝴蝶的色彩不一样,形状不一样。

生4：我觉得这些漂亮的蝴蝶可能会有毒。

生5：蝴蝶可真美呀！

师：蝴蝶不仅形状不一样,颜色不一样,而且世界上找不出完全相同的两只蝴蝶。请同学们再看看这只蝴蝶,与前面欣赏的蝴蝶有什么区别？

生1：这蝴蝶有手有脚,是一只卡通蝴蝶。

生2：这只蝴蝶很可爱。

生3：这只蝴蝶有点像人,前面看的蝴蝶很真实。

师：请同学们为卡通蝴蝶设计一句话。

生1：Hello！大家好,我们来照张相吧。

生2：哇！这里的花可真香啊！

生3：今天我要去参加舞会,你们看我美不美？

师：老师也为这只蝴蝶设计了一句话。"嗨,大家好,我是世界上最美丽的蝴蝶仙子,今天我给同学们带来了一首特别好听的曲子。"

3. 欣赏乐曲《化蝶》

(选用这段乐曲,主要是基于三点考虑：一是为了提高学生的欣赏能力,二是为了让学生获得丰富的情感体验,三是深化蝴蝶主题。)

导语：请同学们仔细倾听这首乐曲主要是用什么乐器演奏的,并用动作表现出来。(这样设计既可以让学生感受到乐曲的旋律,又可以帮助学生了解一个重要的音乐知识。)

请学生说出这首乐曲的曲名,并说出这段乐曲的来历。

教师讲述《梁祝》的故事。并提问：

(1) 同学们,听了这个故事有何感受？

(2) 梁山伯与祝英台为什么会变成蝴蝶而没有变成其他的小动物呢？

学生讨论。

师小结：蝴蝶非常美丽,人们把它们比作美的化身,梁山伯与祝英台变成蝴蝶,正表达了人们对美好生活的向往啊。

再一次欣赏乐曲,请学生用手势画出旋律线,感受乐曲的快慢和高低起伏。(这样设计不仅将音乐形象与美术中的线条相结合,而且能够让学生在艺术领域中获得通感通识的体验。)

欣赏一段化蝶的影视作品,将整堂课推向高潮。

4. 剪贴美丽的蝴蝶

(这节课不仅让学生感受美和欣赏美,更重要的是要培养学生表现美和鉴赏美的能力。)

教师出示样品蝴蝶,请学生说说这只蝴蝶是怎样剪的。(改变以往教师教学生学的传统教学方式,引导学生运用发现式、探究式的学习方式。)

师:今天老师也把蝴蝶请到我们的教室来了,请同学们仔细观察,说说这只蝴蝶是怎样剪的。

教师总结"对剪"的方法。请学生用"对剪"的方法剪贴蝴蝶,并把剪好的蝴蝶放飞到小花园里。

师生共同评价作品,并请学生为作品取名字。

集体表演唱《蝴蝶花》,表达对蝴蝶的喜爱之情,结束本课。

【案例评述】

本活动设计包含音乐、美术、戏剧、舞蹈等多门艺术学科的内容,力图通过多种艺术形式,相互沟通、相互启发和相互融合,为学生综合艺术能力以及整合性艺术感觉的形成创造良好条件。本活动设计教学形式丰富多样,设计连贯完整,环节紧紧相扣。这节活动设计不是内容上的简单增加,而是围绕"美丽的蝴蝶"这一主题展开一系列的活动,达到艺术教育的真正目的。

【资料链接】

杨立梅主编:《艺术新课程标准实验教科书》二年级下册《七彩蝴蝶》,教育科学出版社,2004年版。

(北师大南山附属学校小学部 孟小颖)

小 蜜 蜂

【设计理念】
　　本课教学活动始终围绕着兴趣是学习音乐的基本动力,加强音乐与社会生活的联系,以情境激发——情境体验——情境创作为线索,把游戏、设疑、谜语、表演等贯穿于其中,并通过生生、师生之间的互动交流、评价,让学生在歌曲中体验美好的情感,启迪学生的创造性思维,激发学生创造能力。

【活动目标】
　　1. 学唱歌曲,能以欢快的情绪歌唱小蜜蜂的辛勤劳动,启发培养学生从小爱劳动,并渗透热爱大自然、保护动物的教育。
　　2. 能在学会歌曲的基础上进行各种创作来表演歌曲,培养学生的创造能力,并能对他人或自己作出评价。

【活动准备】
　　上课前一天要求每位学生回家做一个花、草、树木、动物等自己喜欢的动植物头饰。

【活动过程】
　　1. 情境激发
　　学生律动《蜗牛与黄鹂鸟》进教室。
　　师:同学们,今天有位神秘的客人想跟我们二(4)班的同学一起来参加活动,你们想知道它是谁吗?在跟你们见面之前,这位客人想考考你们,让你们做一个找朋友的游戏,规则:头上戴着音名、唱名头饰的同学,在老师的音乐停之前找到你的朋友,站到前面来。(头饰由各种花、草、蜜蜂等图像做成,让学生进入美的教学氛围。)
　　找朋友游戏开始,由其余学生给他们作出评价,并跟着教师的琴声把各音的音高唱准。(既复习了音名、唱名,进一步提高音准能力,又能激发学生学习的兴趣。)
　　师:同学们,这位客人很开心,因为你们都很聪明。你们想马上见到它吗?请大家猜个谜语,猜对了它就马上出来跟你们见面!"一生勤劳忙,专飞百花中,回来献一物,香甜胜过糖。"谁来说说,你猜到了什么?
　　同学们各抒己见,经过教师的启发都一致认定是小蜜蜂。
　　师:棒极了,请大家以热烈的掌声欢迎我们的客人——小蜜蜂!(出示画面,进入情境体验。)
　　(通过游戏、设置疑问、猜谜语可激发学生的好奇心与学习的欲望,使学生尽快进入一种美的教学氛围之中。)

2. 情境体验

师：谁能说说小蜜蜂有什么用处？请大家分组讨论。

师：好，同学们都说了那么多，那我们来听听这首歌又是怎样描述蜜蜂的！

（出示歌曲画面。）同学们，让我们一起把这教室布置成美丽的大花园吧！

播放背景音乐《小蜜蜂》，全班同学都戴上自己所做的各种花、草、树、蜜蜂、小鸟等头饰，师生共同把教室布置成一个美丽的大花园。（初步感受音乐。）

带着问题再次聆听录音范唱，进一步感受音乐形象。

（1）这首歌曲的歌词描述了什么？

（2）速度、力度等是怎样的？

学生回答上面的问题。

学生自学歌曲，小组合作，互相交流，也可以问老师。

师：同学们，学了这首歌，你们有什么问题需要别人帮你解决吗？

教师就学生提出的问题，及时解决。

同学们，你们认为这首歌应该用什么样的声音来演唱呢？

学生通过自己的演唱，比较选择用哪种唱法来演唱歌曲。

教师通过范唱引导学生用一字一音的清晰吐字、优美的并具有感染力的歌声及欢快的情绪来演唱歌曲。

师：同学们唱得真不错，下面我们一起边唱边做小蜜蜂采花的游戏，戴着小蜜蜂头饰的同学在其他同学的歌唱声中飞来飞去，一段歌词后飞到另一个蜜蜂前交换位置，游戏继续。

（在歌曲的学唱过程中，学生置身于歌曲的情境之中，真正体会到了歌曲意境。在多听、多感受、多动的过程中，通过小组的合作方式自学歌曲，充分体现了学生的自主性、合作性，并通过师生的互动，拉近师生距离。）

3. 情境创作

开展艺术小超市，有舞蹈组、绘画组、歌唱组和乐器组，每位学生自由选择所要参与的小组，然后小组成员互相合作、配合，也可以根据自己的爱好选择其他类型，如：故事、话剧等，进行各种创作来表演歌曲，教师作适时的指导。

歌声中，各小组展示自己的成果，并由学生、教师作出评价。

小结：同学们，通过这一节课的学习，你学会了什么？你从中懂得了什么？

幻灯出示：我们从小要热爱劳动、热爱大自然、热爱动物，人人争当环保小天使，把我们的环境建设得更加美丽！（渗透思想教育。）

全班同学一起朗读。

师：同学们，让我们展开翅膀，到大千世界去采蜜吧！

在《小蜜蜂》的音乐声中，同学们唱着歌曲开心地飞出教室。

（通过艺术小超市的开展，给学生充分发展的空间，尊重学生个性的差异，呵护学生的选择，培养学生的创造力，并通过生生、师生之间的评价，使学生的个性得到更充分的发挥。）

【案例评述】

本活动设计根据二年级学生的心理特点，同时针对新课程标准的精神，以激发学生兴趣为主，在整个教学过程中，以情境激发——情境体验——情境创作为线索，把游戏、设疑、谜语、表演等贯穿其中，给学生留下很大的活动空间，从各个方面层层诱导、提高学生的创造性思维，而且在整个教学过程中都充分体现了师生互动、小组合作的精神，让学生在轻松的氛围之中，通过自主学习发挥想像进行自我表现，并通过学生、教师之间的共同活动与评价，进一步提高学生的创造能力，使学生的个性得到更充分的发挥！

【资料链接】

1. 人民音乐出版社音乐教育编辑主编：《音乐（第四册）》第九课《小蜜蜂》，人民音乐出版社，2002年版。

2. 中华人民共和国教育部制订：《音乐课程标准》实验稿，北京师范大学出版社，2001年版。

3. 音乐教育网。

（深圳市南山区大磡小学　罗秀珍）

秋的情怀

【设计理念】

今天幸福美好的生活伴随着孩子们茁壮成长,然而,他们并没有认真地探究过这幸福和美好生活的真谛。于是,我设计了"秋的情怀",以感知为先导,理解艺术知识。通过艺术作品展示,让学生感受艺术,从而归纳知识与规律。以自我表现为契机,培养艺术素养。通过艺术表演,让表现引发兴趣,让自主活动培养自信,从而让实践锻炼能力。以合作形式改变课堂。通过师生互动,与学生共同在秋的色彩、秋的旋律中,寻找今天美好生活的真谛。

【活动目标】

1. 从色彩中引发学生感受美丽的秋天和喜庆的秋天。
2. 与学生共同在秋天的色彩里,在秋天的旋律中寻找秋天的主题。
3. 体验秋天的主题给人们带来的好心情,激发学生对大自然、对祖国的热爱之情。
4. 运用综合艺术训练表现技能,启发创造性思维,抒发爱我中华的情怀。

【活动准备】

1. 师生共同制作有关自己家乡秋的主题的课件。
2. 准备大量表现秋的主题,以及与秋天相关的文学、美术、音乐、艺术小品、舞蹈等综合艺术音像资料。

【活动过程】

学生活动	教师活动
1. 步入秋天——情感的调动 （1）聆听《喜庆》片断。 　a. 分组讨论创编打击节奏,随乐曲共同表现秋的意境。 　b. 随音乐进行"敲桌子打板凳"的游戏,共同营造一个丰收的秋天。 （2）畅谈绚丽灿烂的秋天给我们带来的好心情。 2. 秋的色彩——情感的升华	1. 以《喜庆》吹打乐把活动带入秋天的意境。 2. 启发学生感受音乐的气氛和情绪,想像五谷丰登、绚丽灿烂的色彩。

续表

学生活动	教师活动
（1）思考与讨论产生答案：因为气温降低，天气干燥，所以有些植物变成红色或黄色，例如枫叶、苹果、辣椒、橘子、葡萄等等。 小结：成熟的庄稼散发着金色的芳香，苍翠的山林点缀着片片红色的枫叶，丰收的果园被夕阳照耀得姹紫嫣红，看到这一切，就像看到一幅巨大的彩色图画。 （2）观察体验色彩带来的愉悦性。展示各自制作好的家乡的秋天幻灯片，进行评比活动。 小结：苹果露出通红的笑脸，葡萄像紫色的珍珠……秋天更富有欣欣向荣的景象，秋天更富有灿烂绚丽的色彩。 （3）思考畅谈：秋的色彩标志着成熟、丰收、昌盛和繁荣。人人都为秋色有感而发。（配乐诗朗诵）《秋词一首》刘禹锡 山明水净夜来霜，数树深红出浅黄。 试上高楼清入骨，岂如春色嗾人狂。 3. 秋的旋律——情感的渗透 （1）观看《好日子》片段体验、讨论"秋的色彩"和"秋的旋律"有机结合的艺术效果。（选择卡片答案。） 甲：歌声唱出了红色和金黄色，描绘了欢腾、喜气洋洋的好日子。 乙：用歌舞表演形式表现出好日子。 丙：表现了秋天丰收的喜庆，给我们带来了喜悦的情绪。 小结："开心的锣鼓敲出年年的喜庆，好看的舞蹈送来天天的欢腾，阳光的油彩涂红了今天的日子，生活的花朵是我们的笑容。" （2）畅谈体会："劳动创造美的真谛"。 甲：感受到五颜六色，红色和金黄色最突出。 乙：歌舞、相声、小品及说唱形式。 丙：表现了美丽的秋天是劳动人民创造的。 小结：表演形式运用说、唱、舞、美多种艺术手段向我们展示秋的美景是劳动人民描绘的。 （3）欣赏老师演唱《松花江上》，共同声讨日本帝国主义侵略行径。那一年的秋天是黑暗的，歌声是愤怒的。	1. 启发观察植物到秋天颜色发生什么变化。（放幻灯片：麦田、枫叶、果园。）提出问题：秋天来了，植物的颜色发生什么变化？ 2. 启发学生观察和体验色彩的情感。提出问题：看着丰收的果实，你有何感想？ 3. 提出问题：面对秋色，唐代大诗人刘禹锡觉得秋景胜似春光，他写到："山明水净夜来霜，数树深红出浅黄。"不知同学们有何心情？ 1. 播放《好日子》片段，引导学生感受"秋的色彩"和"秋的旋律"有机结合，如何表达秋的主题。（出示欣赏艺术作品感知表）启发学生挖掘艺术作品中秋的情感主题。 提问：（1）歌中唱出什么色彩、什么旋律？（2）如何表现好日子？（3）给我们带来怎样的心情？ 2. 播放《红高粱模特队》片段，引导学生探究美丽秋天的真谛。

学生活动	教师活动
甲：A.色彩是黑色的,中国大地笼罩着侵略者魔爪的黑影。B.是红色的,从歌声中我听到了中国人民在铁蹄的践踏下鲜血横流。 乙：旋律是哭泣、悲愤、激昂的。 丙：歌曲表现了愤怒呐喊的秋天。 小结：1931年9月18日,日寇的铁蹄践踏了东北的大好河山,家破人亡、妻离子散的秋天,给中国大地带来了眼泪、鲜血,给民族带来了屈辱、奋起。八年抗战,三年解放战争,1949年的秋天,中国升起了鲜艳的五星红旗,中国人民迎来真正美丽的秋天。 4.秋的情怀——情感的抒发。 (1)师生共唱《歌唱祖国》,抒发对新中国秋天的热爱之情。 实践活动：①运用正确的发声方法演唱。②发挥各自艺术特长,分别担任钢琴伴奏、合唱指挥,共同表现歌曲的情感。 小结：新中国的秋色是鲜艳的,歌声是嘹亮的,情怀是澎湃的。 (2)随着秋天的旋律,捧着秋天的硕果,合着秋天的节奏,在秋色的怀抱里,我们手拉手载歌载舞,抒发爱我中华的情感。 小结：秋是五谷丰登、亲人团聚的季节,是欢歌笑语、美丽动人的季节。它激发我们热爱祖国、热爱幸福的生活,对未来充满希望。秋的情怀汇成一句话："爱我中华"。 5.秋的音乐会 (1)秋的飞翔(歌曲演唱)。 (2)秋的韵律(舞蹈表演)。 (3)秋的习俗(戏曲演唱)。 (4)秋的旋律(手风琴独奏)。 (5)秋的硕果(模特队表演)。 6.点评总结,师生共同讨论 总结：秋天是丰富多彩的,它给予我们大自然的美丽、丰收的喜悦、劳动的快乐、当家作主的自豪,激发人们无限的遐想及无限的创造空间。	提问： (1)作品表现的色彩? (2)作品表现的形式? (3)作品表现的情绪? 过渡：然而每一个秋天都是美好的吗?演唱一曲《松花江上》片段,回顾旧中国一个难忘的秋天。 提出问题：它叙述了什么时代的秋天?反映了什么样的心情? 过渡：让我们《歌唱祖国》,赞美新中国的秋天。 1.师生共唱《歌唱祖国》。 启发学生运用饱满的气息、富有弹性的韵律、美妙圆润的声音来表现行进的动感及铿锵有力的豪迈气概。赞美国旗和新中国秋的主题。 2.播放《爱我中华》片段,引发学生运用载歌载舞的艺术形式,表达秋的情怀——"爱我中华"。老师充当欣赏者。 (结合感知表) 1.秋天是美好的→色彩是热烈的→旋律是快乐的→心情是喜悦的。 2.秋天是大自然的结晶,是劳动人民的画板,是创造未来的主旋律。

欣赏艺术作品感知表

曲目	表演形式	色彩主题	旋律主题	秋的主题
喜庆	民间吹打乐	红色、金黄色	热烈、欢快	秋的硕果
好日子	歌舞	红色、金黄色	热烈、欢快	秋的激情
红高粱模特队	说、唱、舞、美综合艺术小品	五颜六色	热烈、欢快	秋的笑声
松花江上	女声独唱	黑色、红色	愤怒、激昂	秋的呐喊
歌唱祖国	齐唱	红色、金黄色	庄严、雄伟	秋的赞颂
爱我中华	领唱、合唱	五彩缤纷	热烈、欢快	秋的情怀

(此表用片片枫叶展示在黑板上,所有答案由学生自己填写。)

【案例评述】

　　本活动设计向学生展开视觉、听觉的艺术窗口,运用大量的艺术作品营造的情景,给予学生更广阔的空间,引导学生展开联想的翅膀,开拓课程的主题,加深色彩与旋律的理解。突出"秋的情怀",巧妙地对学生进行素质教育,激发学生对生活、大自然、祖国的热爱情怀,从而培养学生敏锐的感受能力、欣赏能力、表达能力和高尚的道德情操。

　　学生从教学活动中获取得成功,就是我们教学活动的效果,也正是我们艺术课改所追求的教学目标。

(北京师范大学深圳南山附属中学　姜　华)

堆 雪 人

【设计理念】
　　本节教学活动力图使学生在新颖的教学环境中,摆脱过去注重技能忽略情感的教学模式,并在学习过程中加强集体协作精神,体会创作的快乐。

【活动目标】
　　1. 指导学生学唱二声部合唱歌曲,用轻盈而富有弹性的歌声表现出明朗欢乐的情绪和充满朝气的精神面貌。
　　2. 通过歌曲练习巩固F大调各音的音位。
　　3. 指导学生用旋律模拟的方法进行创作、视唱,并以指挥、歌表演等形式对歌曲进行再创作。
　　4. 在新颖的教学环境中,重视培养学生的创造能力,提高学生的学习兴趣。

【活动准备】
　　美术片《雪孩子》、口琴、《堆雪人》磁带。

【活动过程】
　　1. 学生随音乐声进教室,师生问好。
　　2. 新歌曲调复习,采用多媒体辅助教学,学生用口风琴辅助练习。
　　(1) 一个降号调的音阶练习。出示五线谱音阶,找出高音谱表的位置,练习上下行音阶,师生用柯达伊手势辅助练习。
　　(2) 音程练习,入手练唱合唱部分。
　　(3) 练唱新歌曲调。
　　(4) 口琴合奏练习。
　　3. 新歌教学。
　　(1) 揭示课题,启发学生对冬日环境的丰富想像或联想。
　　录像导入课题《堆雪人》,教师简介歌曲为美术片《雪孩子》的插曲及词曲作者。
　　(2) 新歌范唱(采用多媒体演示)。
　　(3) 学生视唱歌曲旋律。
　　① 请学生轻声分别视唱歌曲前十二小节的第一声部和第二声部旋律,然后分声部合唱。
　　② 教师提示学生空手画旋律线,并按旋律由低到高地走向和切分节奏,调整声音力度,以增加音乐的推动力。

③ 请学生分析出音乐的情绪是活泼、欢快、跳跃、向前的、有推动力的。

④ 请学生视唱歌曲最后两句的第一声部、第二声部旋律，并对其音程大跳部分给予提示。

师：请同学们评价自己刚才唱得怎么样。

生：第二声部唱得不太准。

师：那么这个大跳部分该如何唱呢？

生：这个高音唱起来很吃力，可以把声音稍稍虚一点，这样容易唱。

⑤ 请学生分析歌曲大跳部分旋律的情绪（优美、舒展、流畅）。

（4）学生学唱新歌。

① 请学生先随伴奏唱全曲。

师：请分析歌曲分为几部分，节奏上有什么特点。

生：歌曲可以分为两部分，前面一部分欢快一点，后面一部分比较优美。

② 教师总结歌曲分为两部分：第一部分，1～12小节，旋律上行模进，节奏跳跃；第二部分，旋律下行模进，节奏优美舒展，与第一部分形成对比，结束时又使用了欢快跳跃的节奏，形成首尾呼应。

③ 学生在理解基础上有感情地合唱全曲。

（5）学唱歌词。

① 朗诵第一段歌词，一位学生读歌曲第一部分，全体读第二部分（不读衬词）。

② 学生轻声学唱第一段歌词，由一个学生指挥，教师伴奏，全体学生完整地唱一遍歌曲。

（6）指导学生对新歌用多种形式进行创造性表演。

创设雪景环境，启发学生分组以唱、奏、舞等多种形式创造性地演唱歌曲，更完美地表达歌曲意境。

【案例评述】

本活动设计是一节唱歌综合课，摆正了歌唱中技术与情感的关系，学生对所学歌曲理解得越深刻、越全面，歌就唱得越好、越动人。教学中教师引导学生分析歌曲的曲式结构与高潮乐句，学会根据歌曲情感控制声音力度、速度、音色。由于这个班对二声部歌曲的练习有一定基础，所以教师在合唱练习环节中未用更多的精力和时间，注意了让学生轻声视唱、分组练唱等方法加以过渡。本活动设计的高潮在全体学生分组边唱边表演自己设计的造型上，使得学生体会到创作的快乐，满足了每个孩子表现、创造的欲望。

【资料链接】

1.《音乐五年级第九册》，人民音乐出版社，2002年版。

2. http://www.slcm.com

（深圳市南山区前海小学　宋　佳）

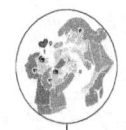

过 新 年

【设计理念】

过新年是每个孩子最开心快乐的时候。那团圆的笑声、大人们的祝福、新年的礼物，对孩子来说是一种特别的体验和满足。本设计通过课堂教学中的各种活动引导学生体验和表现新年及圣诞的喜悦，了解与新年有关的民俗文化，放眼世界，了解国外的新年怎样过，我国的新年和国外的新年有何不同。以"过新年"为主线，让同学们在参与各种活动的轻松氛围中，掌握知识，学会歌曲，成为学习的主人。

【活动目标】

1. 通过演唱《过新年》，让同学们知道新年是一个世界性的节日。并对学生进行互助互爱及世界和平的教育。

2. 通过与音乐相关的其他艺术形式（舞蹈、美术）及其他科目（英文、朗读）的整合，使学生多方面掌握知识，在参与各种活动的同时尽情分享节日带来的快乐。

【活动准备】

红灯笼、鞭炮、对联、窗花、彩纸、红绸、圣诞老人帽、蜡烛、画架、画笔、鼓、三角铁、双响木等打击乐器。

【活动过程】

1. 导入

教师出示一副对联，请同学们有表情地朗读：爆竹声声辞旧岁，欢歌笑语迎新春。

师：同学们，这副对联描述的是什么节日呢？

生：春节。

师：对。同学们，世界上各个国家、各个民族都有自己特有的辞旧迎新的节日，它们日期不同，庆祝的形式也不同。我们的新年是春节，你们知道欧美国家的新年是什么节吗？

生：圣诞节。

师：对了，今天我们就要在歌声里感受一下中国人和欧美国家是怎样过新年的。

2. 教学活动

师：今天我们要亲身体验一下新年和圣诞两个节日。上节课老师给大家留了一个作业，请大家回去搜集与新年、圣诞有关的物品，你们找到什么了？拿出来让大家欣赏欣赏。

学生活动：将自己搜集到的红灯笼、鞭炮、彩纸、窗花、圣诞树、小礼物等互相交换欣赏。

师：老师也搜集了一些装饰物，让我们一起来把我们的教室装扮起来，让我们一起来过新年吧！

播放《过新年》作为背景音乐，把各种装饰物布置到相应的位置，让整个教室充满节日的气氛。

师：现在老师将大家分成两组，一组同学扮演中国人，一组同学扮演欧美人。

中国人的一组同学每人发一根红绸系在腰间，欧美人的一组同学每人发一个手工纸制作的圣诞老人帽。

两组小朋友很友好地互相帮助，系好红绸，戴好圣诞老人帽。

师：再过一段时间，新年就要到了。新年是一个世界性的节日，到时我们中国小朋友和欧美小朋友又可以一起共同庆祝新年的到来了。

播放《过新年》的配乐录像资料，学生听音乐并观看画面。老师将写有"过新年"的美术字条幅挂在黑板上。

师：刚才我们看到了过新年时热闹的场面。下面我们请几位中国小朋友把看到的情景画在画板上。其他的中国小朋友邀请欧美小朋友来参加我们的新年联欢会。让我们共同唱起来、跳起来吧！

教师把三角铁、鼓、双响筒发给几名同学。教师头戴一个大头娃娃头饰，腰系红绸，站在中间，全班同学围成一圈。播放《过新年》的音乐，同学们边唱边舞动红绸，配合打击乐器一起用美妙的歌声、动人的舞蹈表达出喜悦的心情和对新年的祝福。

师：刚才中国小朋友邀请欧美小朋友一起度过了一个快乐热闹的新年，现在我们来看看几位中国小朋友的绘画作品完成得如何。

同学们将画有对联、爆竹、红灯笼、饺子的一幅表现中国人过新年的欢乐气氛的画展示给大家。（掌声）

师：下面我们请中国小朋友把这幅画赠送给欧美小朋友，好吗？

中国小朋友热情地将画送给了欧美小朋友，欧美小朋友鼓掌表示感谢。

师：刚才中国小朋友把自己亲手绘的一幅画作为珍贵的礼物送给了欧美小朋友以示友好。欧美小朋友非常感动，现在他们也热情地邀请我们一起去他们的国家过圣诞节，你们高兴吗？

生：高兴。

制造夜晚的气氛，点上两支蜡烛，播放《平安夜》的音乐，学生随着音乐节奏轻轻摆动着身体。

师：平安夜过后，欧美小朋友迎来了圣诞节，下面老师想让你们了解一下欧美各国是怎样来庆祝他们这个盛大节日的。

播放圣诞节的画面，背景音乐《祝你圣诞快乐》。认真观看，并跟着音乐轻声哼唱。

师：刚才我们看到了欧美小朋友是怎样过圣诞节的。你们还记得刚才听过的那首歌吗？请大家一起来唱一唱。

学生唱《祝你圣诞快乐》，教师予以表扬。

师：圣诞快乐的英文怎么说呀？

生：（抢着答）Merry Christmas！

师：Very good！那么新年快乐的英文怎么说呢？

生：(抢着答) Happy New Year!

师：Good. (画面出示《祝你圣诞快乐》的歌词。)请大家与老师合作，老师唱"We wish you a"，欧美小朋友唱"Merry Christmas"，中国小朋友唱"and a Happy New Year"。

师：同学们唱得非常好。下面，老师请几位欧美小朋友来画一幅表现圣诞节日气氛的画，其他的欧美小朋友一起来邀请中国小朋友参加你们的圣诞联欢，好吗？

播放《祝你圣诞快乐》作为音乐背景，教师粘上自制的白胡子，戴上圣诞老人帽，背着礼物袋，扮成圣诞老人和同学们一起载歌载舞，共庆圣诞。

师：我们一起度过了一个开心的圣诞节。下面，我们来看看欧美小朋友画的圣诞画好不好看呀？老师出示画有圣诞树、雪人、蜡烛、圣诞老人帽的一幅画给同学们看。

(掌声)

师：下面欧美小朋友将这幅画送给中国小朋友，好吗？

欧美小朋友派代表将画送给中国小朋友并友好地互相拥抱。

3．总结

师：新年、圣诞过得可真愉快，但是你们知道吗，世界上有很多儿童不能像你们一样快乐地成长。我们新世纪的少年儿童要肩负起重任，为世界和平架起友谊的桥梁，让战争和贫困远离我们，希望有一天全世界的小朋友都能在一起欢度新年和圣诞。为了这一天，让我们共同努力吧！

同学们手拉手在欢快的音乐声中走出教室。

【案例评述】

本活动设计营造了一个轻松、愉快、热烈的节日气氛，效果非常好。整个活动设计有通过动画表现的新年场面和圣诞知识，有舞蹈创编，有美术创作，有英文学习，有打击乐伴奏等等，通过综合活动折射出多个知识面，增强了学生的参与意识，既培养了他们的合作意识与互助互爱的集体主义精神，又达到了调动学生主观能动性的目的。

【资料链接】

杨立梅主编：《艺术》小学义务教育课程标准实验教科书一年级上册第九课《过新年》，教育科学出版社，2001年版。

(深圳市南山区育才二小　牛玉兰)

新 年 好

【设计理念】
　　《新年好》是一首流传于世界各地,尽人皆知的英国儿歌。通过这样一堂课的教学,旨在突出音乐文化这条主线。音乐是世界的,了解不同地域和国家的歌曲,有利于学生音乐文化素质的提高,而且拓宽了知识视野。并以艺术化的方式促进其他学科的学习,且能创造性地运用它,为我所用,提高自己的创造能力。

【活动目标】
　　1. 指导学生用轻松愉快的情绪,柔和而有弹性的声音演唱《新年好》。
　　2. 认识铃鼓,掌握其演奏方法。

【活动准备】
　　钢琴、幻灯片、录音机、图片、多媒体课件、打击乐器。

【活动过程】
　　1. 导入
　　用VCD播放外国一些国家过新年的场面和通过网上查找的有关圣诞节的资料,和学生一起来了解、分析、讨论外国人如何过新年和圣诞节,跟咱们中国有哪些相同点和不同点。背景音乐:《新年好》的伴奏带。(主要体现"音乐与相关文化"这一领域的教学目标,让学生了解一下与音乐有关的文化,丰富其音乐文化内涵。)
　　2. 熟悉《新年好》并进行创编
　　(1) 用几分钟初步掌握旋律。
　　(2) 深入歌曲,师生讨论创编内容。
　　师:现在请小朋友把这首歌曲加工一下,好不好?看谁是最棒的作词家、演奏家、舞蹈家……
　　生1:我想伴奏。
　　生2:老师,我想把它的歌词换作"大家好呀,大家好呀,祝贺大家新年好……"
　　生3:我把它改成"……我们玩耍,我们放鞭炮,祝贺我们新年好"。
　　生4:我想给歌曲伴舞。
　　……
　　师把学生分成三组:
　　一组:用乐器给歌曲伴奏,并对歌曲进行节奏编创。
　　二组:进行歌词创编。

三组:用肢体来创编。

让三组合作表演,大家一起体验成功的快乐。

用5分钟左右让学生进行讨论、创编。老师分别参与到各组的编创中去,加以指导及汇总。

3. 认识铃鼓

请同学们说出本学期学习过的各种乐器,并演奏一下。

教师介绍:铃鼓是一种色彩性很强的膜鸣乐器,音量较大。

请同学们试着演奏一下。

请同学们边演唱歌曲,边用铃鼓为歌曲伴奏。

4. 小结(略)

在歌声中走出教室。

【案例评述】

本活动设计看似一堂极其简单的新歌教授课,但对这堂课的处理,主要并不是放在简单的教会歌曲本身,而是以它为主线,前后解决了两大问题:一是了解了音乐与其他相关文化之间的内在联系。二是运用了本身的音乐材料创造了自己的音乐,使学生在一种自由、和谐、双向交流的教学气氛中,音乐潜能得到开发。这是教学方式创新的表现,也是本活动设计的成功所在。

(深圳市南山区前海小学　方未艾)

欢欢喜喜过大年

【设计理念】

《欢欢喜喜过大年》是教师针对七年级学生的年龄特点,自"编"自"导"自"演"的一堂艺术课,力图将中国春节这一第一大节日引入到课堂。通过学生的自主探讨、合作学习,通过对年(春节)文化的了解,将课堂学习与生活体验有机地结合,让学生从音乐、美术、人文等方面更多地了解我们民族传统的春节文化。有意将学生已有的课本知识、生活体验加以运用,尝试将音乐、美术、人文等糅入课中,让学生在特定的情境中充分感受,充分体验,并用艺术方式表达出来。从民间传说,年节中吃的、用的,春节晚会到年节的活动,从三口之家的小家到十二亿人口的大中国,从了解过年到模拟过年,从盼望过年的吃、穿、玩、乐,到体验年的祥和、年的喜庆、年的内涵,感受我们民族的年文化。

【活动目标】

1. 通过学生课前收集年的资料,通过学生的相互交流,了解生活中的年文化。

2. 通过各种艺术形式的探讨使得学生从音乐、美术、民俗等各方面来感受春节所蕴含的团圆、喜庆、祥和的意蕴。

3. 学生在活动中参与、体验、感受,从小家到大家,从过年和团圆的情感,更多地体验我们民族特有的传统的节日文化。

【活动准备】

1. 学生课前分组收集有关年节的资料。

2. 学生准备有关过年的喜庆内容,如窗花、灯笼、彩带、排练节目等等。

【活动过程】

1. 情景导入

《春节序曲》音乐配合画面。

师:欢乐祥和的气氛让我们感到春节的来临,一提起过年,我已看到大家脸上抑制不住的欢笑,都想到了什么?

同学们七嘴八舌地说开来了。

师:是的,说起过年,大人孩子都高兴,可"年"到底是什么呢?(问题提出,让学生探讨。)

2. 年的传说

生1:年是凶猛的怪物,各家要守岁,这就是除夕。

生2:相传年要吃小孩,大人为了给小孩压惊要给钱,这是压岁钱的由来。

生3:年怕光、怕响声,这就是年夜要放炮竹的原因。

学生间相互交流,大家知道的还真不少,可见课前他们精心地准备过。

3. 年前的准备

同学们讨论过年到底要准备些什么,归结起来,就是用的和吃的。

(1) 春联小组介绍(学生介绍,教师补充)。

生1:周代叫桃符,宋代叫春帖纸,明代才正式叫春联。

生2:王安石的名句——千家万户曈曈日,总把新桃换旧符。

(2) 窗花小组介绍(学生介绍,教师补充)。

窗花小组的同学送上自己上课前精心制作的窗花,并为同学们介绍自己的作品,介绍制作窗花的方法和注意的事项。想不到他们的手艺真好!

大屏幕上展示出我国各地独具风情的窗花。大家兴致勃勃地欣赏、议论。

(3) 年画小组介绍(学生介绍,教师补充)。

生:年画有山东木版年画、杨柳青年画等,无论是取字的还是写意的都带给同学们一种全新的感受。

教师特地为孩子们选择了他们出生那一年(1988年)的年画,大家好一阵激动。

师:年画伴随着年代,年代写在了年画里。这就是老百姓的生活,这就是生活中的节日。再看看吃的吧!我国民间的节日大多与吃是分不开的,有哪些呢?

生1:中秋节的月饼。

生2:端午节的粽子。

师:春节作为中国第一大节,劳作了一年的人们过年更少不了吃的,比如说?

生1:吃发菜——取意发财。

生2:吃饺子——意为交岁。

生3:吃甜菜——生活甜甜蜜蜜。

生4:吃橘子——大吉大利。

师:可见,吃,已经形成了一种文化。老百姓过去要守岁,现在生活好了,不仅有物质大餐还有精神大餐——

老师话未说完,同学们大声说出:春节晚会。

4. 欢欢喜喜过大年

大屏幕播出春节晚会的录像——《今儿个老百姓真高兴》。

大屏幕展出广东潮汕地区过年的盛况——《潮汕大锣鼓》。

教师提议大家来做个游戏,12个同学高兴地站成一排,听到口令后分别到两边的桌上取一个小动物返回,说出中国十二生肖的排列,说出与手中动物相关的成语或俗语。只见台上"乱"成一气,台下笑作一团,八仙过海,各显神通。在欢乐的游戏中,大家明白了年与生肖的关系。

师:这就是中国的年轮,周而复始,延续至今。正像歌中唱到的,"我们都有一个家,名字叫中国……"

5. 学习歌曲《大中国》

老师和同学们齐声唱起了歌曲《大中国》。

师:大家是怎么学会的?

生1:听会的。

生2:看电视学会的。

老师试着让同学们对歌曲进行艺术处理,于是,大家推荐两个同学担任领唱,其余同学齐唱,嘹亮的歌声中领唱的同学一不小心还唱跑了调,激动中,大家并不太在意吧!

6. 喜庆活动(师生活动)

好想好想现在就过年啊!许多同学发出感慨。

师:那还等什么呢,让我们行动吧!把我们的"家"布置起来吧!(模拟过春节。)

师生动手布置我们的"家",同学们贴上自己制作的窗花作品,挂上课前带来的大红灯笼,吹起了彩色气球。好像还缺了点什么,哦,是春联。老师取出笔墨,请会写书法的同学写春联。眨眼的功夫,过年的"大家"就布置好了。

班上同学跳起了课前准备的"窗花舞",并介绍这是芭蕾舞剧《白毛女》中的选段,大屏幕上展示出《窗花舞》的录像。

师生共同演奏《庆丰收》、《喜洋洋》等喜庆音乐,一些同学还拿出打击乐器加入到伴奏的行列中,一时间教室里好不热闹。

同学们在《大中国》歌声中扭起秧歌,敲起锣鼓。

师:在这喜庆的时刻,中华民族对于团圆的渴望,对于生活的祝愿,对于新年的企盼从未停止过,这就是我们的中国心,这就是我们的中国情。

师:"谁言寸草心,报得三春晖。"过年了,想对父母说点什么?

孩子们七嘴八舌说起来。

师:同学们朝夕相处,情同手足。过年了,想对同学说点什么呢?

生:……

师:老师是我们成长道路上的良师益友。过年了,想对老师说点什么呢?

生:……

师:人人都有一个家,三口之家是小家,中华民族是大家。去年我们家的年成好,去年我们家的日子旺。

话音未落,同学们如数家珍……真可谓国泰民安、喜事连连。

师:让我们带着对祖国大家庭的祝福再次唱响《大中国》吧!

齐:我们都有一个家,名字叫中国……中国,中国,你永远在我心里,中国,中国,祝福你,不用千言和万语……

【案例评述】

《欢欢喜喜过大年》充分体现了艺术课在综合表现方面的作用。整节课以春节为主线,突出年文化的人文主题,让学生在"吃喝玩乐"中,在生活的实例中,从百姓的情感以及民族文化的根基等方面,共同感受、探讨年文化的内涵。通过了解、体验、探讨,让学生学会对已有的生活知识加以整理、提高,并达到情感的升华,这正是整体性的年文化的呈现方式,利于学生综合性地体验,益于学生综合性地学习,便于学生理顺思路,感受到探讨的快乐,体验到合作学习的真正意义,在情感深处感受中华民族团圆与祥和、祝福与期盼、幸福与分享的情感,体验和感受我们民族年文化的魅力之所在。

【资料连接】

1.《综合艺术课程与教学探索》,高等教育出版社。

2.《艺术课程标准解读》,北京师范大学出版社,2001年版。

(北京师范大学深圳南山附属中学　王　珏)

愉快的劳动

【设计理念】

　　劳动最光荣,从学生感兴趣的话题入手,因为兴趣是学习音乐的基本动力,是学生与音乐保持密切联系、享受音乐、用音乐美化人生的前提。本活动设计通过提问层层深入,引导学生从音乐的角度出发,深刻理解劳动在生活中的重要意义。在聆听和表演等音乐实践活动中,不断注意启发学生表述自己的见解,创造一个宽松、乐学的氛围,使学生没有压力与思想负担,积极参与到活动中去,从而感受劳动和音乐的密切联系。

【活动目标】

　　1. 在歌唱和表演中掌握音与音之间的音高关系。
　　2. 认识跳音记号,能准确地读拍。
　　3. 从歌唱中寻找劳动的快乐。

【活动准备】

　　钢琴、电脑。

【活动过程】

　　1. 导入
　　学生伴随音乐进入音乐课堂。欣赏儿歌《劳动最光荣》,聆听歌曲《劳动最光荣》。
　　师:孩子们,刚才我们听了一首与劳动有关的歌曲,孩子们,你们还会唱哪些与劳动有关的歌曲呢?
　　(自由表演唱,培养孩子们自信演唱的能力。同时,培养孩子的音乐记忆力,让孩子在实践活动中多多积累好听的音乐。)
　　师:刚才大家都听到了一首非常熟悉的歌曲,有哪位小朋友能告诉老师这首歌曲的名字?
　　同学们都踊跃举手发言,争先恐后要说。
　　生:《劳动最光荣》,我很小的时候就会唱。
　　此时,有好多学生也都说会唱这首歌曲。老师让全班同学在钢琴的伴奏下,集体演唱。
　　师:小朋友们平时在家都爱劳动吗?
　　生:(异口同声)爱!
　　师:那你们在家都做什么劳动呀?
　　整个课堂气氛很活跃,学生们都把手举得很高,有的说:"帮爸爸妈妈拖地板。"有的说:"在家洗碗。"有的说:"洗自己的衣服。"还有的说:"帮家长买菜。"总之,孩子们几乎每个人都能在家做家务。

师:你真厉害!一定都是家里的好孩子!(每个学生脸上都露出了得意的笑容。)同学们想不想知道,海边的孩子是怎样劳动的呀?

生:想!

2. 新课

师:今天,我给大家带来一首海边孩子劳动的歌曲,我们大家先一起欣赏一遍。

老师完整地把整个歌曲放一遍,让孩子初步感知歌曲的音乐情绪、特点及内容。

师:有哪位同学听出了歌曲中小朋友在干什么呢?请举手回答。

生1:在海边捉泥鳅。

生2:在海边捉田螺。

……

师:非常正确!同学们很认真!那我还要再问一下,他们把捉到的泥鳅和田螺装在哪里?有谁知道?

生:装在小渔篓里。

师:老师非常高兴!这首歌曲就叫做《小渔篓》。今天我们就来学习它。

老师让学生第二遍聆听歌曲。

师:歌曲表现了生活在海边的孩子在赶海中与形影不离的小渔篓建立了感情,他们喜爱小渔篓,歌唱小渔篓,在歌唱中抒发了他们热爱劳动、热爱大自然的愉快心情,也反映了他们对劳动的乐观态度。我们每位同学也要学习海边小朋友的这种精神。

老师让学生有感情地朗读歌词,并体会歌曲中所表达的小朋友的心情。用"La"轻声跟唱歌曲旋律,注意歌曲演唱情绪。随伴奏轻声唱歌词,老师给予及时纠正。最后,有感情地演唱歌曲。

3. 创编

歌曲学会后,老师让学生创编动作,表现歌曲。首先,让孩子们划分小组进行讨论。接下来,每组派出代表演唱并表演所创编的动作。比一比,哪一小组演唱得准确、流畅,表演优美,便将哪一组选为优胜组。也许有些小组唱得并不流畅,老师也要给予表扬和鼓励,因为只要每个孩子都动脑参与进来了,就是最大的收获。

4. 小结

下课前,老师让学生观看了一首《三个和尚》的flash歌曲,歌曲表现的也是与劳动有关的内容。允许孩子自由发挥,让每一个孩子参与到表演中来,培养孩子们的自我表现能力。从中体会劳动的意义。

【案例评述】

音乐教学不仅是教孩子们音乐方面的知识,更是一种情感交流活动,并贯穿孩子们的一生。在教学过程中,应处处渗透着对孩子们的全面培养。本活动设计在学习和聆听音乐的同时,也给孩子们上了一堂思想教育课,通过音乐让孩子们从小就懂得劳动最光荣的道理,充分体现了新课程改革的目的。在教学内容和形式上也比较灵活,师生互动,动静结合,给孩子们一个充分展示自我的机会。

(深圳市南山区向南小学 苑 林)

劳 动 歌

【设计理念】

在设计过程中体现以学生发展为本的理念,鼓励学生积极参与探究和实践,并提高学生对音乐的感受、体验、表现和创造能力。

【活动目标】

1. 通过听《劳动歌》,唱《不再麻烦好妈妈》,理解劳动的喜悦与欢乐。

2. 能主动投入编创歌词、编创动作等音乐实践活动。

【活动准备】

多媒体课件、录音机、钢琴。

【活动过程】

教室里播放着《劳动歌》,学生们听着欢快的音乐走了进来。

师:谁会讲《白雪公主和七个小矮人》的故事?

学生们纷纷举手。

生:从前,在一个王国里有一位美丽、善良的小公主。国王去世后,继母王后对她百般虐待,还派人去杀掉她。公主逃到了森林里,又饿又困。突然,白雪公主发现了一幢小房子,走进去,屋里有七张小床,原来这幢房子的主人是七个小矮人。他们的名字分别是:博士、快乐、喷嚏、害羞、贪睡、老顽固和哑巴。他们每天到附近一座神奇的矿井去采宝石……

师:现在我们就来欣赏动画片《白雪公主》中的插曲《劳动歌》,它是七个小矮人在矿井劳动时唱的歌。请同学们注意观察他们是怎样劳动的。

这时学生们的兴趣都被调动起来了,个个都津津有味地观看着,聆听着,不时还传来阵阵笑声,有些同学还模仿着小矮人的动作挥舞着。

师:大家喜欢这首歌曲吗?

学生们异口同声地回答:喜欢!

师:那他们劳动开心、快乐吗?

学生们争先恐后地说:我觉得是开心的;他们是快乐地在劳动。

师又及时发问:为什么他们劳动会这样开心?

生:因为劳动可以让他们吃饱饭、有衣穿。

生:要想致富,就要劳动。

生:看到自己劳动的成果,特别愉快,还可以有钱帮助别人。

……

师：同学们的回答非常好，劳动最光荣，看到自己劳动的丰硕果实才最有价值，才最愉快。只有你亲自动手、动脑了才能体会得到。

师：有谁注意到小矮人是怎样劳动的呢？你能做一做吗？

学生们有的做敲打的动作，有的做挥舞锹镐的动作，有的做推车的动作，还有的做扫地的动作……

师：劳动时要不要"用力"呢？

生齐说：要用力。

师：好！那我们就随着《劳动歌》，自编动作进行表演。

播放音乐。学生们都兴奋地随音乐做各种劳动的动作。

师：同学们表现得真棒！个个都能表现用力劳动的样子。那么你们平时在学校、在家里都有哪些劳动呢？

生：在学校打扫教室，帮助老师擦黑板。

生：在家里帮妈妈扫地、洗碗。

生：自己的房间自己清理。

……

师：同学们都是爱劳动的好孩子，老师非常想把这首《不再麻烦好妈妈》的歌教给大家，同学们学会后，记得唱给妈妈听，好吗？

生齐说：好！

播放歌曲《不再麻烦好妈妈》，学生们都在静静地聆听。

师：请同学们一起朗读歌词，轻声、有感情地，要把对妈妈的感谢、关怀读出来。

学生们充满感情地读：妈妈妈妈您歇会儿吧，自己的事情我会做了。自己穿衣服呀，自己穿鞋袜呀，自己叠被子呀，自己梳头发呀，不再麻烦您了，亲爱的好妈妈。

师：读得真好。这次请同学们小声随着音乐哼唱。

音乐播放了，同学们小声哼唱着，有的还打着节拍。

师：要怎样唱，才能唱出对妈妈的感谢和真挚的爱呢？

生：声音要柔和、轻轻地。

生：要有情感、真挚地。

师：好，请全班起立，按着大家的要求来演唱。

老师弹琴，同学们随着琴声，动情地唱了起来：妈妈妈妈您歇会儿吧……

师：你们唱得真好，老师都被感动了。歌曲唱得这样好，能不能再设计几个动作来进行表演呢？

生：我来！我来！

老师弹琴，几个学生被请到前面开始了表演唱，同学们都能用简单、贴切的动作表现劳动的情景。

师：现在老师把大家分成几个小组，把平时力所能及的劳动编成新的歌词，并用动作表现出来。看一看，哪一组表演得最好。

同学们积极地创编，老师每一组每一组地察看指导。

师：下面我们分别请出各组进行表演唱，并比一比哪一组表演得最好。

一组学生：妈妈妈妈您歇会儿……自己刷刷牙呀，自己洗洗脸呀，自己冲冲凉呀，自己涮涮碗呀，不再麻烦您了，亲爱的好妈妈。

一组学生：老师老师您歇会儿吧……自己扫扫地呀，自己擦黑板呀，自己抹桌子呀，自己做作业呀，不再麻烦您了，亲爱的好老师。

一组学生：爸爸爸爸您歇会儿吧……自己倒水喝呀，自己系鞋带呀，自己跑跑步呀，自己背书包呀，不再麻烦您了，亲爱的好爸爸。

师：同学们的表演真棒！你们自己评一评，哪一组的表现最好呢？

同学们评出表现最好的一组，老师奖励了他们小红花。

师：同学们今天表现得真好，唱得好，表演得也好。个个都是爱劳动的好孩子。放学回家后，记得要像歌曲中唱的那样，自己的事情自己做，还要把这首歌曲唱给妈妈爸爸听。

下课了，教室里播放着《劳动歌》，同学们做着律动，愉快地走出了教室。

【案例评述】

这是一节体现以学生为本，开发学生创造精神的活动课。活动设计者充分抓住二年级的小学生好动、爱唱、爱看动画片、喜欢讲故事等性格特点和爱好，一步一步引导他们聆听《劳动歌》，学唱《不再麻烦好妈妈》。讲故事使学生的学习兴趣被激发起来，他们很愿意用歌声、动作把对音乐的理解、感受表现出来。由于教师更加关注学生，还利用鼓励、竞赛等方法，使学生的学习动机被持久地支配，学生们都能够积极主动地参与，让学习在轻松愉快的活动中进行。

本活动设计还渗透了劳动最光荣、自己的事情自己做的思想理念，使学生的心灵得到熏陶，行为规范得到良好发展。

总之，整个设计教学结构合理，学生们都置身于音乐的天地中，去认识音乐、感受音乐、学习音乐。思维创造得到发展，收到了良好的效果。

【资料链接】

人民音乐出版社音乐教育编辑室主编：《音乐义务教育课程标准实验教科书》二年级第三册，《劳动歌》，人民音乐出版社，2001年版。

（深圳市南山区珠光小学　王　郁）

采 山

【设计理念】
　　以音乐审美为核心,本活动设计歌曲《采山》的情绪优美活泼,所以在教学中师生共同去体验歌曲的情感,创造和表现歌曲内容,挖掘学生对歌曲情境、内容及曲调的喜爱,从而表现出歌曲的美。面向全体学生,让每一位学生根据自己的能力来选择、参与自己的角色,把他们的个性特点发挥到最大限度。

【活动目标】
　　1. 指导学生用活泼、轻快的歌声演唱《采山》,体验劳动最光荣的情感。
　　2. 让学生参与对作品的创造、表现和体验,唤起他们对作品的兴趣和热情。
　　3. 认识前十六分音符和后十六分音符节奏,能准确地读拍,并能在实践活动中应用。这是教学的重点和难点。

【活动准备】
　　课件放大歌谱、蘑菇卡片、小黑板、多媒体、兔子头饰。

【活动过程】
　　1. 导入新课
　　师生在《兔子舞》的音乐声中跳进教室。
　　师生互相问好。
　　师:刚才我们是踏着《兔子舞》欢快的节奏跳进教室的,今天老师就当一回兔妈妈,同学们都是兔宝宝,让我们来打声招呼吧。(互相问好,把学生分成四组。)
　　2. 情景表演
　　放录音,学生闭上眼睛边听边想像。
　　老师提示:这是一段描写大森林早晨的音乐,想像中会有哪些情景?
　　生:有大树、小草、小河、微风、太阳,还有很多的小鸟唧唧喳喳地唱歌。
　　师:原来大森林的早晨这么美,我们能不能把它表演出来?
　　学生有的扮演大树,有的扮演小鸟、小兔等。学生伴着音乐,老师在旁描绘早晨的景色:清晨,天刚蒙蒙亮,小兔、小松鼠们还在呼呼大睡,小草已经苏醒了,它展开了嫩绿的叶子,好好地伸了个懒腰。一阵微风吹来,树叶沙沙作响。不一会,太阳出来了,树上的小鸟开始唧唧喳喳地唱起歌来:"太阳出来了,早上好。"小动物们也被小鸟的叫声吵醒了,揉了揉眼睛,伸了一个大懒腰。顿时,森林里热闹起来了。

3. 编创节奏

师：啊，多美的早晨，兔宝宝们，山上的蘑菇、木耳、野菜长得可好了！今天，兔妈妈要带你们到山上去采蘑菇。

播放歌曲《采山》的音乐，引导学生到教室四周拣蘑菇。

师：咦，这蘑菇上怎么还有节奏呢？不过，我知道这难不倒我们的兔宝宝。

学生拍击蘑菇上的节奏。复习四分音符、八分音符以及十六分音符的时值，特别是前十六分音符与后十六分音符的区别。

师：今天，兔妈妈要出个难题考考你们，每组可以随意将四个蘑菇连起来，组成一条节奏长龙，并拍出这一段节奏，看看哪一组拍得最好。

小组讨论创编四小节节奏，并打击出来。老师参与学生的创作，帮助学生拍击节奏难点。

4. 学唱歌曲《采山》

师：大家采了那么多的蘑菇，我们今天可以美美地吃上一顿了。听，有歌声，谁来了？（老师播放《采山》音乐。）

生：是一个小姑娘提着小篮来采蘑菇了。

师：这小姑娘的歌声实在是太美了，我们想不想学这首歌？兔妈妈我呀偷偷地把它录下来了。（出示课件，学生听范唱两遍。）

师：这一首歌曲的节奏有什么特点？

生：出现了刚才在节奏练习中的前十六分音符与后十六分音符。

老师着重解决难点，唱准前十六分音符和后十六分音符。

学生听唱歌曲两遍，老师教唱歌曲中较难的乐句。学生轻声跟唱。

师：你们学得可真快，刚才我们采了那么多的蘑菇，我们在采蘑菇时的心情是怎样的？

生1：愉快、高兴。

生2：蹦蹦跳跳的。

生3：边唱歌，边采蘑菇。

师：对了。刚才那个小女孩也是边唱边跳的。我们能不能用这种愉快的歌声蹦蹦跳跳地再采一次蘑菇？

教室里充满了欢歌笑语。

5. 伴奏创编，学生参与

师：同学们真是棒极了，又唱又跳又采蘑菇，要是还能来点乐器就更好了。

老师出示乐器：双响筒、碰铃、铃鼓，并让学生用乐器为歌曲伴奏。

师：想一想我们的身体还可以怎样发出节奏？

生1：可以跺脚、拍肩。

生2：可以打响指、打响舌、眨眼睛。

师：同学们以小组为单位，自己创作节奏为歌曲伴奏。

学生创编节奏为歌曲伴奏。

6. 老师小结

今天我们学习了《采山》这首歌，体会到了劳动的辛苦和合作的快乐，这节课就上到这里。

下课。学生在音乐中走出教室。

【案例评述】

本活动设计始终把学生置于一个大森林里兔子的角色当中。教学采用互动式的学习方式进行设计。每一个概念、技能的获得不是靠老师讲解灌输,而是靠引导学生主动探索,相互启发并在音乐实践中获得。在编创节奏这一环节中,让学生去拣蘑菇,进而发现写在蘑菇上的节奏,并打击出来,在这基础上,老师提出分组创作节奏,这一要求符合学生的客观实际,学生只须"跳一跳就可以摘到果子"。让学生参与创作活动,觉得自己也能创作出东西,使之品尝成功的喜悦,可以持久地维持对音乐学习的兴趣,发展到对音乐的热爱。在打击乐器为歌曲伴奏时,我设计了由学生凭着自己的感觉探索乐器的敲击方法以及伴奏型,并以小组合作的方式为歌曲伴奏。然后进一步提出:"我们的身体还可以发出哪些节奏?"引导学生说出打响指、弹舌、拍肩、跺脚等多种方法,使学生学会灵活运用身体的节奏动作为歌曲伴奏,既增强了学生的节奏感,又丰富了歌曲的艺术表现力。这一环节为学生提供了创作音乐、表现音乐的机会,变被动接受为主动学习。

【资料链接】

1.《音乐(第四册)》第六课《劳动最光荣》,人民音乐出版社,2003年版。

2.《中国音乐教育》,人民音乐出版社。

(深圳市南山区阳光小学 赵雁红)

快乐的时钟

【设计理念】

　　让学生通过这一课的学习,进一步认识到时间的宝贵,懂得爱惜时间,从而养成惜时、守时、不虚度时光的好习惯。

【活动目标】

　　1. 通过律动、欣赏、设计、表演、歌唱等活动,使学生感受到时钟与生活、学习的关系很密切。

　　2. 通过听《在钟表店里》、唱《时间像小马车》、《谢谢你,小闹钟》等歌曲,感受音乐所描绘的钟表的形象,体验轻松愉快的音乐情绪,认识时间的宝贵,懂得珍惜时间。

【活动准备】

　　上课前一天要求学生回家观察钟面,了解时针和秒针的位置。

【活动过程】

　　师:今天老师想带大家去一个地方,那是一个时钟王国,里面住着很多很多漂亮的时钟,它们很欢迎同学们去做客,你们想不想去啊?(生答:想。)那现在我们就出发,开始我们的时钟王国之旅。

　　伴随着《谢谢你,小闹钟》欢快的音乐,带领学生走进认识钟的环节,利用课本上43页的图,请学生演一演:听到小钟表报时,你该做什么?并为图中的小钟表画上时针和分针。

　　学唱《谢谢你,小闹钟》这首歌。先听歌曲,理解歌曲内容,边听边表演,两遍后请学生跟着音乐演唱歌曲。学会唱歌曲后可以边唱边表演。

　　师:小闹钟们非常高兴认识大家,也很高兴小朋友们能把它们的时针和分针画出来。它们希望我们小朋友能够好好爱惜时间,到时间该做什么事就要马上去做,不要拖拉。为了奖励我们,它们想带我们去它们的大家庭里做客,让我们认识它们的爷爷奶奶爸爸妈妈们,你们想去吗?(生答:想。)那好,我们现在就出发了。将学生排成一队,围着教室绕圆圈走,播放《谢谢你,小闹钟》的音乐,请学生边走边做动作。

　　师:你们听,闹钟家族在奏着音乐欢迎我们呢!你们安静地听听都有哪些钟在奏着音乐,看看谁能把它们认出来。

　　老师播放《在钟表店里》。在听音乐时课件显示出打击乐器和各种各样的钟。听完一遍后,请学生说说自己听到了什么。接着教师把打击乐器拿出来,请学生自己敲一敲,了解这些打击乐器能模仿哪些钟的声音。

第二次播放《在钟表店里》的音乐,请学生用打击乐器为音乐中的闹钟伴奏。

课件展示很多不同的钟,请学生说说自己能认识多少种钟,如闹钟、塔钟、数字显示钟、报时钟等等。接着提问学生:"你们谁知道最早的时钟是哪个国家发明的?"学生说出答案,有些说美国,有些说英国,有些说德国,还有一些同学说是中国。教师说出正确答案:"中国人是最早发明钟表的,我们为自己是一个中国人而感到自豪。我国北宋宰相苏颂创制的'水运仪象台'是世界上第一个计时系统,是中国人开创了钟表的历史。"教师在课件上显示出这台"水运仪象台"的图片,让学生欣赏。

画一画:请学生自己设计一种时钟,要求造型美观、奇特,还要设计出它们具有什么功能。

评价:学生自评选出优秀的作品,在黑板上展示给全班欣赏。

下课,学生唱着《谢谢你,小闹钟》,拿着自己设计的时钟走出教室。

【案例评述】

本活动设计把学生置于一个特定的环境当中,围绕闹钟展开一系列的活动,让学生认识闹钟,认识时间的宝贵,并能发挥学生的想像力,自己设计一款未来的时钟。整个课设计合理,能由易到难,不断激起学生的好奇心和积极性,激发学生的学习兴趣,使学生在一节课的时间中学会了歌曲,欣赏了乐曲,还自己动手制作了自己心目中未来的闹钟,达到事半功倍的效果。

【资料链接】

1. 杨立梅主编:《艺术(第三册)》义务教育课程标准实验教科书第六课《快乐的时钟》,教育科学出版社,2002年版。

2. 人民网科教频道。

(深圳市南山区大磡小学 李孜孜)

有趣的瓜果

【设计理念】

　　伸出我们的双手,每个人都有十个好朋友。你看,那童趣盎然的画面、优美动听的琴声,出自艺术之手;那漂亮规范的汉字、形象有趣的造型,出自灵巧之手;那整洁明亮的教室、漂亮干净的手绢,出自勤劳之手。我们的双手不仅会表演舞蹈,会帮助其他小朋友,还能表达情感呢!本教学活动的设计力图使学生在轻松、愉悦的氛围中,体验学习的兴趣,让学生发挥自己的想像,用自己的小手做出各种有趣的瓜果的形象,并能创编歌曲。

【活动目标】

　　1. 能够根据瓜果的形状和颜色特征,制作出自己满意的艺术作品,体验双手创作的乐趣。

　　2. 在游戏、语言、手工、绘画、创编歌曲和表演等多种艺术活动中,培养学生的艺术观察和艺术表现能力以及艺术的创造能力,理解一个简单的道理——艺术来源于生活。

【活动准备】

　　1. 各种瓜果实物,手工用材料。

　　2. 学生在课前准备好橡皮泥、水彩笔和手工用材料。

　　3. 多媒体课件。

【活动过程】

　　1. 播放音乐,学生跟唱,并随音乐自由地拍手。

　　2. 通过提问让孩子认识水果和蔬菜。

　　师:小朋友们,刚刚这首歌曲里面都唱出了什么呢?

　　生:冬瓜和南瓜。

　　师:那生活当中除了冬瓜和南瓜,还有什么瓜呢?

　　生:西瓜、青瓜、黄瓜、苦瓜、丝瓜……

　　师:小朋友们说的西瓜属于哪一个种类的呢?

　　生:水果类。

　　师:那苦瓜又属于哪一个种类的呢?

　　生:蔬菜类。

　　师:说说看,你最喜欢吃什么水果?为什么?

小朋友们都纷纷说出了自己喜欢吃的水果以及理由。

师：它们的特征你们都认识吗？老师给大家带来了好多的水果和蔬菜，我们一起来看一下吧。

3. 通过游戏让孩子了解水果和蔬菜的形状、颜色特征。

师：这么多的水果和蔬菜小朋友们都认识吗？好，现在老师就请小朋友们到前面来把你的小手伸进去摸一摸，猜猜看，它们是什么？（老师事先把水果和蔬菜放在篮子里，用布盖上，让学生不准看，只用手摸，猜出是什么水果或者蔬菜。）

生：玉米。

师：为什么？你感觉它是什么形状的？（引导学生通过实物的形状来辨别出是什么水果、蔬菜。）

师：再用来给大家看一看，是不是玉米呀？（拿出来后，再看看它的颜色。分别请2～3名学生来猜2～3种水果、蔬菜。）

4. 通过手工、绘画等制作手法进行水果和蔬菜的制作。

（1）教师做示范，进行讲解。

师：原来，小朋友们对水果、蔬菜这么了解啊！那么今天老师就奖励给大家一个小礼物，你们想知道是什么吗？老师亲手做给大家。

师：首先，用浅绿色的彩泥捏出一个椭圆形的小球，接着加上一个细细的小尾巴，球的身上再加上几条彩色的花纹。你们看它像什么？

生：西瓜。

（2）让学生选择自己喜欢的制作手法来创作水果和蔬菜。

师：啊，又香又甜的大西瓜送给小朋友们，那小朋友，你们会做什么呢？用你们灵巧的小手，试着做一做好吗？还可以运用其他的制作手法来试试看。（学生分组一边听音乐一边制作水果和蔬菜，有的绘画，有的捏彩泥，有的用彩色纸来剪贴。）

5. 展示学生的作品，并让他们自己进行评价。

师：小朋友们做得真漂亮啊！你们愿不愿意把自己制作的小水果、小蔬菜带到大果园里来呀？

师：那好，让我们行动起来吧！（请小朋友们把自己的作品贴在老师准备好的背景图上。）

师：你们说一说最喜欢哪一个？为什么？

6. 引导学生创编歌曲。

师：好漂亮的大果园啊！有这么多的水果和蔬菜，这些都是小朋友们自己制作出来的。那我们拿着自己制作的水果或者蔬菜来唱一首咱们小朋友们自己的歌儿吧！（老师来唱前半句，引导学生接后半句。用原来歌曲的旋律，填上自己所做作品的名称以及特征作为歌词。）

师：我们把它连贯起来，再完整地唱一遍，好吗？看看哪个小朋友唱得最好听、最有表情。（让学生自己完整地唱一遍创作的歌曲。）

7. 通过活动和表演让学生在轻松愉悦的氛围中感受艺术的熏陶，给学生宽阔的舞台，让他们尽情发挥、创造。

师：小朋友们真出色，今天你们能自己创作歌曲、作词了！我们拿着自己的作品，唱着自己创作的歌,一起到大果园里活动活动吧!(走出来,随着伴奏音乐边唱边加入即兴的动作,围着教室做环行律动。)

8. 结束语:"今天,咱们小朋友用自己灵巧的小手制作了好多的水果和蔬菜,还创作了一首歌曲呢。到大果园去玩得开心吗?回家以后可以把自己制作的小水果、小蔬菜送给爸爸妈妈,让他们今晚给我们做顿美味可口的晚餐,好不好?"

【案例评述】

丰富的想像力与积极的参与精神是艺术课的灵魂。本活动设计让学生在轻松愉悦的氛围中感受艺术的熏陶,给学生宽阔的舞台,让他们尽情发挥、创造。本活动设计以游戏、语言、手工、绘画、演唱、创编和表演等多种艺术活动为教学手段,来培养学生的艺术观察和艺术表现能力以及艺术的创造能力。在游戏的过程中使学生分辨瓜果的形状和颜色特征,在手工制作的过程中,体验双手创作的乐趣,让学生理解一个简单的道理——艺术来源于生活。

【资料链接】

1. 杨立梅主编:《义务教育课程标准实验教材艺术》一年级下册《有趣的瓜果》,教育科学出版社,2002年版。

2. 杨立梅主编:《义务教育课程标准实验教材艺术教师教学用书》,一年级下册,教育科学出版社,2002年版。

(深圳市南山区西丽小学　高惠玲)

闪烁的小星

【设计理念】
　　本教学活动的设计力图使学生在一个轻松、愉快的氛围中产生学习的需要，通过师生互动、生生互动交流，即合作学习，凭借学生的主动学习，让他们亲身体验从游戏活动中解决问题的全过程，从中领略自主探究、合作交流、共同分享去获取知识的快乐。

【活动目标】
　　1. 学习用轻快的声音演唱《闪烁的小星》，并能用动作表现自己感受到的情感和优美抒情、轻柔安宁的意境，增强身体动作的协调性。
　　2. 用画星星的方式，表达自己对音高的感受。
　　3. 通过游戏活动、合作学习，提高表达、交流、相互评价能力。

【活动准备】
　　1. 学生在课前准备好彩色画笔。
　　2. 准备教学节奏挂图、小鸟家的挂图、小鸟头饰和星星、月亮、云朵的画片，一张深蓝色的大画纸、小朋友看星星、数星星、画星星的挂片以及彩色纸袋。
　　3. 准备4个小碰铃，用纸袋装好。

【活动过程】
　　学生听着《小熊跳舞》的音乐拍手跳舞进入音乐课室。
　　师："今天老师要带着小朋友们乘上小火车，穿过树林，钻过山洞，走过铁桥，去小鸟家做客。火车出发后，每到一个地方，请小朋友们拍出图上所表示的走—跑—走节奏，为音乐伴奏。乘客们，坐稳了吗？火车出发啦！"
　　生："呜……"学生跟着音乐拍出墙上的节奏挂图。
　　师："一会儿，小鸟家到了，鸟儿们迫不及待地迎接我们远道而来的客人，并准备和小朋友们一起玩抢座位的游戏。接下来请几个小朋友带上小鸟头饰，分别站在座位的外围，听音乐走或跑，等录音一停，就去抢座位，最后没抢到座位的小朋友站在两边。下面在座的小朋友为他们加油、喝彩。"
　　生：进行抢座位游戏。
　　师："音乐停了，小鸟身上都写着音符，它们是音乐课上最最亲密的朋友，下面我们按从左到右的顺序来把这些音唱一唱，并且伸出我们的右手来跟老师做手势。"
　　生：唱音高。
　　师："刚才没抢到座位的就得换别的同学上来继续玩。游戏继续进行。"

师："这里有好多小星星,请小朋友们看着老师的手势,听着琴声,按顺序把星星摘下来,然后再把摘下来的星星按照音的高低贴到蓝纸上。"

生：听一条,摘一条,唱一条,跟琴声加手势。听完三条后,同学们按老师指的顺序完整地唱一遍。

师："星星出来了,那是白天还是晚上呢？晚上除了星星还有什么？"

生："弯弯的月亮、云朵,还有小朋友在看星星、数星星、画星星,还可以撕星星。"

播放《闪烁的小星》伴奏音乐的同时学生画星星、撕星星。全体同学参与制作完整的夜空画面图。

师："夜空多美啊！看着这美丽的夜空,我们想到了哪一首歌曲？"

生："《闪烁的小星》"。

师："现在请小朋友们跟着老师的音乐轻声唱一遍,可轻轻摆动身体。"

生：跟唱歌曲。

师："小朋友们唱得真动听！宁静的夜晚月亮姐姐和星星妹妹朝我们微笑,云朵是那么轻,那么柔,它围着月亮姐姐和星星妹妹在翩翩起舞。这么美的景象,我们应该用怎样的声音来演唱这首歌曲？"

生："轻轻地,用轻快、明亮的声音演唱。"学生有表情地演唱歌曲。

师："这么动听的歌声,我们能不能加上动作表演一下？"

生：表演歌曲。

师："小朋友们可真行,现在你们来当老师,我来做你们的学生,教我学做动作,行不？"学做学生的歌表演。"怎么样,我这个学生还行吧,给我打几分？"

生：作评价。

师："对我评价这么高,我好高兴啊！我应该不是个笨学生吧！现在轮到我考你们了。老师提的这个袋子里面装着一些东西,请小朋友来摸一下,里面到底装的是什么？"

个别学生上来摸袋子。

师："四位小朋友摸到的都是碰铃,那你们能用碰铃为歌曲伴奏吗？"

生："行啊！"

师："其余的小朋友就拍手,我们大家一起来表演。"

生：表演。

师："小朋友表演得真不错,个个都是小精灵,老师好喜欢你们,同你们在一起,我心里特兴奋、特高兴,这里准备了一些小礼物,要送给你们。四个大信封,每个信封里面都放着老师给你们亲手制作的小礼物,我们四个小组各围成一个圆圈,围好后,轻轻地放下椅子,看哪个小组摆得既快又好,我就把礼物先发给那一组,同意我的建议吗？"

生："好。"

师："老师播放音乐的同时,请同学们拿起椅子,跟着音乐慢慢小跑步,摆成圆圈。现在老师在每个小组里面选一位小朋友发放礼物,拿到小星星的,老师可再送给你一颗小星星,每个人都拿到礼物后,请小朋友们撕下后面的胶带纸,放回大信封里,垃圾不能乱扔,要养成好习惯。月亮、云朵和大星星可以贴在额头上,小星星就贴在我们两只手心里。刚才小朋友和老师一起作了一幅静态的星空画,现在想请每个小组各作一幅动态的星空图,用不同的角色来表演出月亮、云朵、星星,还可以加上打击乐碰铃,每个小组讨论一下,作准备。"两组两组进行,一半表演,一半歌唱。

生:分组表演唱。

师:"每小组各有特色,表演得很精彩。白天有云朵,夜晚还是有云朵,云朵始终飘在空中。月亮和星星只有晚上才有。假设音乐没播放之前,我们定为白天,云朵飘在空中,星星、月亮躲起来;音乐声起,天色渐渐暗下来,月亮出来了,星星同我们眨眼微笑,呈现出一片美丽的夜空景色。小朋友们边表演边歌唱。能接受我的建议吗?老师也加入,同小朋友们一起表演。"

师生:表演。

师:"今天小朋友们用自己动听的歌声和美丽的舞姿,形象地描绘了宁静、晴朗的夜空中星星熠熠闪烁的景色。星星、月亮、云朵都是大自然的景物,大自然的景色很美,我们小朋友都要热爱大自然!"

【案例评述】

本活动设计最大的亮点是教师能在日常教学中大胆地探索实践,用新课标、新理念去教学。例如,"师生转换角色"的方法,为学生创造了开放思维、自主表现和创新的时间和空间。在每个教学环节中,鼓励学生运用已有的知识和经验创造性地学习,自主地探索和实践,充分地调动了学生的学习积极性,使学生对音乐产生浓厚的兴趣和自信心。

(深圳市南山区西丽小学　陈朝燕)

快乐的火车

【设计理念】

　　本教学活动通过让学生听、说、唱、演等各种形式来了解火车,感受音乐,并通过游戏和创编的形式让学生积极地、主动地参与到音乐实践中来,拉近孩子们与音乐的距离,同时大大提高他们对音乐的兴趣,使他们在参与中感受音乐,在听音乐、看动画、模仿火车声响及节奏中激发他们的兴趣,在唱歌、游戏、创编、表演等过程中得到审美的体验。

【活动目标】

　　1. 从学生在生活中对火车的体验出发,通过观摩火车,老师介绍古今的火车,让学生对火车有更多的了解,从而激发学生对火车的兴趣。

　　2. 学生通过模拟声音、身体动作等方式来表现火车行驶时发出的各种声音和火车"出站——行驶——进站"的速度和力度的变化。

　　3. 学生通过玩游戏,创编情境表演等方式来学习和表演歌曲《开火车》,并由此懂得坐车要讲文明讲秩序,做文明乘客。

　　4. 通过多种配合游戏和自主创编表演培养学生的合作意识和自主学习的能力。

【活动准备】

　　上课前让学生了解关于火车的信息,动脑筋设计出一列火车,并自己动手制作出来,以便在课堂上的"火车博览会"上展示自己的成果。

【活动过程】

　　1. 导入课题

　　听音乐《火车呜呜响》进教室。(小朋友将自己制作的"小火车"放到教室前面的展台上,供课后参观。)

　　师:由刚才的音乐你们想到了什么?

　　生:火车,开火车……

　　师:你们对火车了解多少呢?

　　生1:火车有许多车厢,很长。

　　生2:火车能行驶得非常远。

　　师:让我们来更多地了解火车吧!

　　播放课件、多媒体动画、关于火车的许多图片和动画,让学生了解从古到今的火车模样,明白火车的发展历程,激发他们对火车的兴趣。

师：你们能不能模仿火车行驶时发出的声音呢？

生：嘶——（学生从牙缝里发出"嘶"的气流声。）咔嚓咔嚓（许多学生发出密集的、快速的"咔嚓咔嚓"的声音，也有一些小朋友用双手有节奏地拍打凳子。）呜——（学生发出"呜"的长音。）

师：小朋友，你们真是太棒了，能正确模仿出火车行驶时发出的不同的声音，下面我们来做一个"交响节奏"的游戏吧！

全班学生分成三组，每组用不同的声音来表现火车行驶时发出的声响，不同的声音反映不同的节奏时值，嘶×－，呜×－－－－，咔嚓咔嚓××××，各组小朋友同时发声形成一个多声部的节奏游戏。

师：刚才你们的"交响节奏"游戏做得很好，现在老师想让你们用这些声音来表现火车出站——行驶——进站的过程，你们有办法吗？

生：我们各组分开来做，一组接一组。（小朋友知道意思，但表达得不是很清楚。）

师：（很高兴地笑）很好，我明白你们的意思，这种方式叫"接龙"，那么，下面大家来做一个"节奏接龙"的游戏吧！

第一组：孩子集体发"呜"的长音，节奏形式是"呜×－－－－"，表示火车要开了，先鸣笛。

第二组：小朋友用手拍打凳子，速度由慢到快，力度由强到弱。

第三组：小朋友从牙缝里发出"嘶"的气流声，节奏形式"嘶×－"是火车排气的声音，表示火车要停下来了。

各组的小朋友都非常认真地投入到接龙游戏中，看样子，每个人都很开心，觉得自己表现得很好。

2. 表演《开火车》

师：刚才我们对火车有了初步的了解，现在我们想不想当一回小司机学学开火车呢？

（1）学习歌曲《开火车》。

通过听唱、模唱、小组竞赛唱等方式让学生快速学会歌曲。

（2）创编"开火车"游戏。

小朋友们商量着请大个子吴博宏做火车头，然后每个同学双手搭在前面同学的肩上，随着音乐，这趟列车启动了。他们随着轰隆隆隆隆的节奏小跑步，在教室四周开出了一列快乐的火车，每个小朋友都被快乐的情绪感染着。

3. 红旗列车评比

将全班同学分成两组，每组都有乘客、司机和列车员的角色，哪一组的成员之间配合得最好，那么这一组就赢得一面红旗，他们这一列车就被评为红旗列车。

第一组准备：他们选了一个同学做列车长，这位列车长非常机智，他顺手拿起教室里的一个鼓号队员的帽子戴在头上，手上拿着一面红旗，这形象还真像一位小列车员呢！把其他同学都给逗乐了。

游戏开始：

第一组的"列车长"将手半握空拳放在嘴边当话筒大声喊道："火车马上要开了，请旅客和司机快点做好准备。"一部分扮演司机的小朋友马上走上岗位，做拉汽笛状。另一部分小朋友也纷纷拿着自己事先做好的"车票"陆续上车。

音乐起,随着音乐的节奏,这趟列车准时出发了。火车穿"大山"过"大河",最后乘客都在各站上交票下车。整个过程非常轻松愉快,列车员与司机、乘客都配合到位,而且每个成员都非常开心。

第一组结束后,第二组开始了,表演情形大致相同,只是由于少数乘客及司机的耽搁,列车没能及时出发。在评选红旗列车的时候,第二组的成员非常客观地把红旗评给了第一组,还给他们热烈地鼓掌。

4. 分角色剧情表演

师:小朋友们,你们有没有真正坐过火车呢?平时坐车你们表现如何呢?现在我们来个剧情表演,来模拟你们坐车的情形,主题是:怎样做文明的乘客。请发挥你们丰富的想像力吧!全班同学分为四组,每组找个地方在短时内编排好,看哪一组的乘客最有礼貌。

各组开始编排了,老师巡视的时候发现每组的孩子都非常认真,他们首先安排好角色:司机、列车员、乘客,其中乘客是最重要的角色,也最丰富:有抱娃娃的阿姨,牵小狗的女郎,有驼背的老人,有中学生,还有系红领巾的少先队员……各组同学都发挥想像,想尽力演得丰富一些,搞得热火朝天。

轮到各组上台表演了,第二组表演得最棒,他们的"文明精神"感动了每位同学。

剧情如下:

列车员喊道:"请乘客排队上车,放好自己的东西。"

各"乘客"都上车了,他们整齐有序,"少先队员"首先将自己很好的座位让给了"抱娃娃的阿姨",他说:"阿姨,坐我这儿吧!我这儿上下车比较方便。""中学生"将一个"驼背的老奶奶"搀扶到座位上坐好。"牵小狗的女郎"主动将小狗安顿到一个角落里。演员们也都演得很到位,"少先队员"很精神,"驼背的老奶奶"弓着背,艰难地移动身体……

表演结束,掌声四起。

【案例评述】

游戏是艺术产生的源泉,也是小朋友最喜欢、最容易接受的一种学习方式,在游戏中孩子们不知不觉地体验到了音乐的情绪,也完全发挥了自己的主动性,本教学活动的最大的特点就是在课堂中安排了大量的游戏,让学生在游戏中学习知识,感受音乐,体验乐趣。

创编是最能锻炼学生思维、培养学生想像力的一种方式,在创编的时候,学生可以大胆想像,各抒己见,充分地发挥自己的才智。这堂课大量的活动中老师给了学生一个自由创编的空间,学生自己创编了开火车和坐火车情景表演,这样充分调动了学生的主动性,也尊重了人人参与的原则,使学生的学习方式由原来的老师指定安排转变为学生自主讨论学习。

【资料连接】

1. VCD 动画歌曲《火车呜呜响》、《火车开来了》。

2. 杨立梅主编:义务教育课程标准实验教材《艺术教师教学用书》一年级下册,教育科学出版社,2002年版。

(深圳市南山区留仙小学　陈　娇)

一起玩玩具

【设计理念】
　　通过对玩具的观赏、交流、模仿和表现,使学生学会表达自己的情感和愿望。以玩具为载体,创设多样的"玩法",使学生从自我中心走向与他人共处。抓住孩子们的心理与年龄特征,以儿童钟爱的玩具为主线,将歌曲演唱、音乐欣赏以及器乐演奏等多个领域有机结合,体现新课程所要求的多元化与综合性。

【活动目标】
　　1. 学生能用自己喜欢的方式,表现玩具的形、声、色、质等,感知艺术要素。通过交流玩具的来历、玩的方法,体验集体游戏的快乐。
　　2. 欣赏《玩具兵进行曲》,感受音乐的情绪和节奏特点。在交流与表演中,学习用简单明白的语言表达自己的想法。

【活动准备】
　　课件、琴、大鼓、碰铃、玩具。

【活动过程】
　　1. 情景导入
　　把教室布置成玩具国,播放《玩具兵进行曲》。学生围成一个圈坐。
　　师:有没有觉得我们的教室有什么不一样?
　　生:教室里有很多的玩具,就像一个玩具王国。
　　师:对了。欢迎小朋友们来到玩具王国。那今天同学们有没有带你们最心爱的玩具来呢?
　　生:有。
　　师:好,那下面就请同学们把你们的玩具放在身边。我想请问同学们,你们的玩具都是什么?请同学们介绍一下你们自己的玩具。
　　指导学生用不同的方法介绍自己的玩具,如谜语、歌唱、动作等。
　　生:请你猜一猜我的玩具是什么:两只耳朵竖起来,身体白又白。
　　师:好,有没有同学知道这是什么玩具啊?
　　生:兔子。
　　师:是不是呢?那么现在我们请这位同学把你的玩具拿上来。啊,同学们猜错了,是只白色的熊。那么,我想请问这位同学,你的这只白熊是怎么来的?你平常都是怎么叫它的?为什么你喜欢这个玩具呢?

生：回答(略)。

师：好，还有没有同学想介绍一下你的宝贝玩具呢？

生：介绍自己的玩具(略)。

2．欣赏音乐《玩具兵进行曲》

师：好，刚刚同学们都介绍了自己的玩具，那么老师问你们：你的玩具会走吗？你的玩具为什么会这样走呢？到了晚上玩具都会做什么呢？

生：会走。到了晚上，玩具们都睡觉啦。

师：那你们有没有想过，到了晚上，玩具是不是都会出来活动呢？也许它们在我们睡着的时候开一个舞会，或者大家聚在一块说话、聊天呢？好，下面我们就来听一听这首《玩具兵进行曲》，看一看，到底玩具兵们在我们睡着后都做了些什么。

老师播放《玩具兵进行曲》，学生聆听。

师：听完了乐曲，大家有什么感受呢？觉得这是一首什么样的歌曲呢？

生：是活泼欢快的，行进的。

师：很对，那大家听过音乐以后，能想像出来玩具兵是如何行走的吗？

生：他们有不同的行走方式。

师：好，那我们再来听一遍，这次我们分段欣赏看看，每一段士兵行进的方式有什么不同？让我们自己来欣赏一下。

学生听音乐，并分组讨论结果，其中一组的同学正确地说出了每一段的分析。

第一段：由远方走来一队玩具兵。他们踏着统一的步伐，整齐地行进，形成一个玩具兵方阵。

第二段：然后又有一队骑兵优雅地走过来。随后国王的马车也慢慢地走过来啦。

第三段：玩具兵队列进行表演。

再次播放乐曲。听完后做一个游戏。老师拿出敲击乐器，把乐曲当中的节奏写出来，让同学慢慢打奏出来，看看我们的同学们是不是也能够演奏出这首《玩具兵进行曲》。

```
X       X    |   X       X    |
X  X    X    |   X       X  X |
X  X    X    |   X  X    X    |
```

3．模仿表演

学生们学会这三种节奏型后，挑选三名同学，分别发给他们碰铃、鼓，进行多声部的表演。

学生表演，要求他们按照规定的节奏敲击，并轮换敲打不同的节奏。

师：同学们演奏得很好。好，那接下来，其他的同学们听着这三位同学的节奏，我们来模仿一下士兵们行进时的情景好不好？

学生排列成三行，听着节奏行进。在行进中，学生敲击时快时慢，让其他同学们跟随他们的节奏，测试同学们的听觉和反应能力。

师：同学们，你们想想，除了有士兵们，你们还能想像出有哪些动物吗？

生：回答(略)。

师：好，让我们听着《玩具兵进行曲》一起走出教室，结束今天的玩具王国之旅。

【案例评述】

本活动设计重视学生学习的过程与方法,不把学习结果作为评价学生的唯一标准。引导学生通过体验、模仿、探究、合作等方法感受新知,应用实践。发挥自己的智慧和才能来理解音乐,表现音乐。加上采用了游戏的形式,学生高兴极了,他们争先恐后,积极地参与到音乐活动中,是真正的在"玩中学,学中玩"。

【资料链接】

杨立梅主编:《艺术(一年级)》,教育科学出版社,2001年版。

(深圳市南山区塘朗小学　魏琳珊)

我有十个好朋友

【设计理念】
　　音乐、表演艺术、视觉艺术的结合活动,能最大限度地调动学生的学习兴趣。模拟生活中的艺术活动,把孩子当作一个大人来让他们参与社会活动,使学生真正地走近艺术活动,从而让艺术融入学生的生活,并逐渐养成习惯。

【活动目标】
　　1. 学生在用手"表演"的各种游戏活动中,充分发挥想像,激发创作热情,锻炼手指的灵活性。
　　2. 通过各种艺术形式(戏剧表演、音乐、舞蹈等)认识手在艺术活动中的作用。
　　3. 通过欣赏艺术作品开阔学生视野,了解我国丰富的民间艺术。

【活动准备】
　　投影仪、前次课学生已完成的绘画作业、磁带、前两课时已完成的"小手的图画"、学习手影游戏和熟悉歌曲《巧巧手》及手指游戏。

【活动过程】
　　1. 参观"手的图画"展览(时间10分钟)
　　(预先选出比较完整的学生作业及其他有创意的有关作品,张贴于教室四周墙上。)
　　师:同学们有没有发现今天的课室里与往常有什么不同呢?
　　同学们环顾四周,举手回答。
　　师:同学们,知道什么是画展吗?你的爸爸妈妈有没有带你看过画展呢?
　　生:爸爸带我去莲花山公园边的美术馆看过小朋友的画展。
　　师:你的爸爸真好!今天老师要带大家看画展。这次展出的画有很多是我们班的小画家的作品呢!大家可以自由选择观看顺序,也可以和好朋友一起看,但是每幅画都要看。看画展的时候,能不能随便大声说话呢?(生:不能。)对!在任何展馆里,人们都是安静地走和看,如果要说话,也是很小声的,不能影响其他人。要静静地,才能欣赏出画的意境来。看完以后,选一幅你认为画得最好的、你最喜欢的画来介绍给大家。
　　学生分散,自由选择观看顺序,要求看完所有的展品,重点选择一幅最喜欢的作品仔细欣赏,介绍给同学。
　　学生集中,请同学带领大家欣赏他认为最好的作品,把自己喜欢的原因告诉大家。
　　生:我最喜欢我自己的这幅画,这两棵红色叶子的树是秋天的枫树,我很喜欢枫树叶,还捡来夹在书本里做书签呢!

师：没错。这个小画家没有像其他同学一样用绿色的笔来画树叶，而是用了红色的，树叶的形状也画得很像，看来他一定是在平时注意观察了枫树的。

2．"手影戏"（时间18分钟）

师：我们看了画展，接下来老师想请同学们看戏。大家看过戏吗？知道有哪些戏呢？

生1：京剧。

生2：木偶戏。

师：请大家看一段录像。（播放传统皮影戏的录像。）

师：这叫皮影戏，是由演员在幕后一边操作这些道具，一边配着动作又说又唱来完成的。接下来要请同学们来演戏。怎么演呢？上节课大家已经玩了手影游戏，已经能用你们的小手变出好几种动物来，这节课老师想请大家的小手来当演员。同学们自己寻找喜欢的同学合作，两个或三个人一组，自由选择用小手做什么动物，并编出或选一个听过的一个小故事或一段对话来演给大家看。要求边用手演动作，边说台词。

学生自由组合，分散、分组进行准备。

教师巡回指导。学生们很有激情，但有部分同学一时不知演何内容，教师给予提示、指导。

学生集中，在投影仪下进行"手影戏"的表演，评出"手影戏"大师若干名。教师给出话筒，帮助制造演出效果。

3．"手的放松舞"（时间10分钟）

师：我们的手太能干了！它不仅会写字，还会画画，不仅能帮你洗脸、吃饭，还能当演员演戏给我们看。我们每天的生活都离不开它的帮助，它真的是非常重要，也很辛苦。我们要爱护自己的一双小手，要经常地让它放松放松，这样它会变得更灵巧，能帮助你做更多的事。现在，老师教大家来跳手的放松舞。

（1）教师示范讲解手关节活动练习动作，学生模仿练习。

（2）学生在音乐伴奏下练习动作。

动作编排：

第一遍音乐：大八字步站立，双手自然放于体侧。前奏后四拍吸气、呼气提沉一次。

第一个八拍：1～4拍吸气，同时双手体前下方五指交叉，手心向上，逐渐抬起至胸前，5～8拍呼气低头含胸，同时双手五指交叉合掌合肘于胸前。

第二个八拍：1～4拍吸气同时掌心向前平举推出，尽量活动打开手掌关节，5～8拍动作同前一个八拍5～8拍动作。

第三个八拍：重复前一个八拍动作。

第四个八拍：双手抖动五指，同时两臂从体前经体侧打开至头上方，5、6拍头上方五指交叉，7、8拍向上推指，同时感觉体会身体上长。

过门：两臂经体侧还原至准备姿势。

第二遍音乐：反复第一遍音乐动作。

过门：还原。

第三遍音乐：

第一、二个八拍：双手在胸前做八字轮指二次。

第三个八拍：1、2拍转身成两两面对面并双手胸前击掌一次，3、4拍两两右手互击掌一次，5、6拍同1、2拍，7、8拍两两左手互击掌一次。

第四个八拍：1～4拍两臂经体侧至头上方合掌，5、6拍合掌放下至胸前，7、8拍压指一次。

师：你们的妈妈天天又上班又做家务，她的手一定很累吧？回到家以后，请你把这个手的放松舞教给你的妈妈，让妈妈的手不要那么劳累，好吗？

【案例评述】

将"展览馆"和"剧场"设在学校教室，给学生创造一个模拟的但却浓厚的艺术氛围，通过亲自参与这些活动，激发学生的表演、创作热情。在艺术课中将形体课的内容与音乐课的歌曲结合，加强对动作的严格要求而不是随意模仿、自编动作，并以有激情的启发性的语言与动作指导学生练习舞蹈动作，能训练学生的动作感觉及在动作中对音乐的体验和表现，培养良好的情绪、艺术气质。

（深圳市南山区西丽小学　俞红妍）

认识手在艺术活动中的作用

【设计理念】
　　活动中要注重培养学生对艺术的喜爱,丰富他们的情感体验,注重他们表现美和创造美的情趣和能力的开发,充分体现艺术的价值。同时,鼓励学生进行自我评价和互相评价,提高评价能力。

【活动目标】
　　1. 通过实践活动,了解手在日常生活中的重要性。
　　2. 学生用手做游戏。
　　3. 充分发挥想像,锻炼手指的灵活性。
　　4. 通过多种艺术形式,认识手在艺术活动中的作用。

【活动准备】
　　课前做好教学课件,并对学生进行分组。准备绘画纸、彩笔、投影仪、钢琴、电脑以及各种日常用品,教师将多种日常用品放在教室里,如:水果、蜡笔、书包、小椅子、茶杯、碗、文具盒等。

【活动过程】
　　师:小朋友们能不能不用我们的小手把这些东西拿起来呀?(老师手指水果、蜡笔、书包、小椅子、茶杯、碗、文具盒等物品。)我们来试一下。
　　师:老师先请三位小朋友上来试试。(然后请几位小朋友上前来尝试。)
　　生:老师,不用手真的拿不起来呀!
　　师:那我们如果是用手拿的话是不是就很容易呢?
　　生:是。
　　师:老师再请三位同学来试试,我们这次用手来拿东西。(然后再请上几位小朋友用手来拿这些物品,结果都很顺利地拿起了物品。)
　　师:我们的手是不是很重要啊?
　　生:是很重要。
　　师:下面我们来做一做猜谜游戏,"两棵树,十个杈,不长叶,不开花,吃饭劳动全靠它。"
　　师:这个谜语的谜底是什么呢?
　　生给出各种答案。
　　师:就是"我们的一双手"。手可以做许许多多的事情,你的小手还会做些什么事情呢?

生:在吃饭的时候会用到手。

打球的时候会用到手。

弹琴的时候会用到手。

买东西的时候会用到手。

玩玩具的时候会用到手。

开汽车的时候会用到手。

……

学生与学生互相交流。

师:对。我们时时刻刻都会用到手,所以手对我们每个人来说都是非常重要的。小朋友们在幼儿园有没有做过手指游戏呀?

生:做过。

师:我们大家一起来复习幼儿园做过的手指游戏。

大家一起做游戏,伴奏音乐《巧巧手》。

教师示范,利用投影仪作手影表演。

师:请小朋友们猜一猜,老师模仿的是什么动物呀?(老师表演手影:老鹰、孔雀、小狗、小公鸡、鸭子、喜鹊……)

生:老鹰、孔雀、小狗、小公鸡……

师:谁会模仿动物的叫声或有特点的动作?老师请同学上来表演一下,看看谁模仿得最像。

学生进行自评及互评。

老师根据学生的回答即兴编成儿歌念给学生听:

我有一双手,

十个小指头,

变老鹰,飞呀飞;

变小狗,汪汪汪;

变鸭子,嘎嘎叫;

变孔雀,真漂亮;

大家一起变,变,变。

师:谁还有别的点子吗?你还能变出什么?下面我们分组活动。每个小组的小朋友一起动脑筋,想一想还可以模仿什么,然后每个同学用自己的小手做一个形状,请其他同学猜一猜,说一说。最后选出一名做得最好的同学。

学生分小组活动。

师:每个组谁做得最好呀?

生:某某某、某某某……

师:请这些同学到投影仪前表演精彩的手影,我们一起来学一学。

师:做得真好,老师给做得好的小朋友的额头贴上奖励标志。回家后,我们还可以借助阳光或灯光继续表演手形游戏,和家人或好朋友一起交流。(活动延伸。)

师:请翻到书的第五页,看看这几幅画。小公鸡,喔喔啼,你俩为啥要生气?(欣赏书上范图《斗鸡》。)公鸡的身体像什么?

生:像手。

师:看了这么多作品,我们也来试一试、画一画,好吗?

生:好。

师:把你们的小手先描下来(右手拿铅笔,左手放在画纸上准备画手的位置),然后再变出许多美丽的图画。颜色用鲜艳一点,画线的时候要连贯、流畅,画面安排要合理,不要太小或太大……

画完后,作品展示,并交流。

师:手的用处可真多,既能做游戏,又能画画,还能劳动,总之我们的手呀真的很能干,是一双巧巧手,就像我们的好朋友一样,可以帮我们做好多好多的事情。下面我们来学习歌曲《巧巧手》。

用听唱法进行教学。

师:我们先来听一听。

师:好听吗?

生:好听。

师:我们一起轻轻地唱一遍。

师:拉起我们的手齐唱《巧巧手》。

师:下面我们进行分组表演。我们小朋友可以通过自己的动作跟着音乐表演,可以把自己想像成一双手,也可以把自己想像成一个小指头,然后,找到自己的小伙伴组成小组,一起来表演,看哪个小组的小朋友表演得最精彩。

(分组表演后点评。)

【案例评述】

教师首先通过实践活动,让学生了解到手在日常生活中的重要性。然后由"手"的谜语引入,激发学生兴趣,引导学生自主地参与学习过程,使学生从中了解手的基本结构、用途,并有机地渗透德育,在情感、态度和内容上为本课作积极铺垫。教师在活动过程中对学生进行奖励及鼓励,小小奖励是一剂兴奋剂,不仅能激发孩子对成功的欢悦,更对其以后的交往能力、创造能力起到不可估量的促进作用。另一方面,通过手影游戏和儿歌短句的有机结合,激发学生玩手影游戏的兴趣,发展想像力和创造力。同时,也通过感知手指的弯曲变化可以组合成各种形状,为落实手形画铺设平台。通过画自己手的活动,锻炼学生运用线的能力。通过演唱、表演,使学生全身心地投入到音乐中,并且运用集体合作的方式,发掘个人和集体共同创造性思维能力与合作精神。

【资料链接】

1. 杨立梅主编:《艺术》教师教学用书(一年级上册),教育科学出版社。
2. 《教学设计》,上海教育出版社。
3. 百度网 http://www.baidu.com

(深圳市南山区实验学校 曲园嫒)

我们的双手会表演

【设计理念】

伸出我们的双手,每个人都有十个好朋友。《能干的双手》是教育科学版艺术课标实验教材一年级下册第五单元的一课。这一单元告诉同学们,我们的双手不仅会表演舞蹈,会帮助其他小朋友,而且还能表达感情呢!本单元设三个课题,《我们的双手会表演》可让学生了解人类的双手不但会劳动,还会表演舞蹈,表达情感。学用"我们都是好朋友"一句手语互相交流,引导学生对残障人的关爱。这里设计的是本课题中如何突出人文思想,调动情感,发挥学生潜能活动的教学过程。

新课程中的艺术教材所倡导的人文思想是十分重要的。过去的教学没有给学生充分发挥的机会,现在每堂课倡导的都是突出人文思想,调动情感,发挥学生潜能。本活动设计以人文思想为主线,力求在学习歌曲、戏剧、舞蹈、手语及对作品的欣赏中促进学生情感的不断升华,真正理解我们双手的价值所在,从中突出艺术学习的人文价值。

【活动目标】

通过舞蹈、手语使学生了解人类的双手不但能劳动,能从事艺术活动,还能传达情感。促使学生产生把自己的手变成一双勤劳、能干的双手的意识与愿望。激励学生大胆运用自己的双手进行表演、创造,体会成功的快乐。

【活动准备】

1. 电脑课件及背景音乐、精美图片若干。
2. 歌曲《巧巧手》、《我有一双万能的手》、《小孔雀告诉你》。
3. 孔雀的各种造型照片。
4. 手语的动画。

【活动过程】

在学生们演唱表演《巧巧手》动听的老歌中拉开了这节艺术课《我们的双手会表演》的序幕。

1. 我们的双手会做事

师:刚才,在演唱的歌曲《巧巧手》中我们的双手表演了很多动作,你知道在生活中手还能干什么吗?

生自由回答:还能学习、劳动、吃饭……

师:不要笑,这位同学说得很好。继续,谁来补充?

生:还能——还能写字、跳舞、打球,老师的手还能弹琴。

师：很好,同学们想得很周到,看来我们的双手用处很多,生活中离不开我们的双手。小小的一双手怎么可能会做这么多事情呢？老师不太相信,小朋友只会用嘴巴说,那你们一定要做给老师看了我才能相信你们。老师这儿有几幅图,多媒体课件在屏幕上展示了劳动类、生活类、工作类、艺术类、游戏类的美丽画面,下面我们分小组准备,请每一组同学选一类,即兴编一个小故事,并将故事完整地表演出来,看哪个小组表演的动作最多,哪个小组的小朋友最能干。

生分组进行短时间讨论。

师：时间到,请出劳动类的同学进行表演。

一组同学看着图片在背景音乐《劳动最光荣》的歌声中开始了简单的表演。今天我做值日生,到学校后,先扫地,后浇花,我今天的愿望就是把教室打扫得干干净净的……

师：这组同学给全班同学带了个头,他们组表演得真不错,大家掌声鼓励一下。

二组同学接着也开始了他们的表演,背景音乐《洗手绢》响起。我是生活类的,在我上幼儿园的时候,我就会自己吃饭、穿衣服,老师夸我是个好孩子……

接着三组同学开始表演工作类的。

全班同学在老师和学生的掌声和鼓励声中越演越精彩。

师：现在我们来做一个游戏,好不好？

生：好！

师：游戏规则是这样的：老师来表演动作,请一位同学猜出老师表演的是什么。其他同学来做评委,看看老师表演得像不像或同学猜得对不对。

师表演。

生：表演的是穿衣服。

生：答对了。

师：有没有同学想表演呢？

生：老师,我想请一位同学配合我表演。

师：好主意！你想请谁呢？

生：我的同桌,我想请他扮演小学生,我扮演小老师,帮他系鞋带。表演开始。

师：这个小老师演得还真不错,同学之间要不要互相帮助呢？

生：要。我要用手帮老爷爷拿东西,扶老奶奶过马路,帮妈妈做家务事……

同学们争先恐后地回答着,一瞬间,这些一年级的孩子好像一下子长大了,懂事了好多。

2. 我们的双手会表演

师：同学们,现在有一个小动物要和你们说几句话,你们想听吗？——它来了。(教室里响起了歌曲《小孔雀告诉你》的优美旋律。)"小孔雀真有趣,抖开满身花花衣,它要和你比一比,看谁穿得最美丽……"

师：这首歌讲了一个怎样的道理？

生：穿得漂亮与学习好相比较起来,学习更重要。

同学们听得非常认真,有的同学还在哼唱旋律,有的同学已经在模仿小孔雀的优美姿势了。两遍过后,同学们已经可以演唱歌曲了。

师：同学们,我们能用优美的舞蹈动作来表现这首歌曲吗？

生：能!

歌曲的旋律响起时,老师和学生们一起翩翩起舞。学生们自由地组合在一起,随着《小孔雀告诉你》的旋律,用各种优美的动作表现着孔雀的舞蹈,有的双手叉腰,合着音乐的节拍点头,有的伸开双手模仿孔雀展翅开屏,有的已经摆好了孔雀的各种造型。

师：同学们,不知你们注意到没有,在舞蹈中,手的表现很丰富,让我们学习傣族舞蹈中的美丽手形——嘴形、提腕掌、爪形、叶形、立式掌。

学生用手表现孔雀的姿态、神情,自己为歌曲设计舞蹈动作,伴随歌曲表演。

3. 我们的双手会说话

师：同学们的双手真能干,可以做这么多的事情,可是有一位同学他讲不出话来,我们今天听到的这么多好听的歌曲,他也听不见,怎么办呢?

生：帮助他。他为什么会听不见呢?

师：有些同学一生出来就是聋哑人,他们从小就生活在无声的世界中,没有人讲话,没有音乐听,自己有许多话却不会说。这样,我们一起来学几个动作,告诉他们：我们爱他们!

出示图片,学生开始学手语——"我们都是好朋友"。

师：请你把学会的手语介绍给更多的人,让我们一起来帮助残疾人,关爱残疾人。

(背景音乐《让世界充满爱》。)

【案例评述】

本活动设计老师和学生处在平等互动的交流中,学生在饶有趣味和充满情感的情境中轻松愉快地接受美的熏陶,尽量帮助学生提高审美能力和主动获得感受、表演、创造、评价等多方面的艺术能力。

在"我们的双手会做事"的环节中,学生能使自己的生活经验和艺术相联系,充分体现了艺术来源于生活的教学目标。同时鼓励学生大胆创新,并提供给学生自我表现的舞台,在创作过程中体验无比的欢乐。在"我们的双手会表演"的环节中,充分利用了多媒体教学软件教学,给学生丰富直观的画面,引发和调动学生的学习兴趣。在最后的"我们的双手会说话"的教学环节中,重点引导学生对残疾人的关爱,从师生交流中引发学生们的爱心,这一环节将课堂气氛推向高潮。整堂课看来,学生的学习是积极的,表演和参与是主动的,较好地体现了人文教育的理念。

【资料链接】

1. 中华人民共和国教育部制订：《音乐课程标准》实验稿,北京师范大学出版社,2001年版。

2.《教师备课系统艺术一年级下册》,中央教育科学研究所音像出版社。

3. http://www.flash.163.com

4. 音乐教学网 http://www.yyjx.net

(深圳市南山区大冲小学　刘　晓)

我们的身体语言

【设计理念】

　　身体语言,这种大脑对身体的指挥在智能上就像任何一种心理活动那样独立、微妙及完整。本活动设计通过形体与学科的联系、形体与文化的联想,扩展想像空间,实现想像力与创造力的结合。在非常快乐的趣味形体情景中,锻炼敏捷的大脑、灵活的身体,体味团结合作、集体智慧和运动合作的快乐,感受形体之美。

【活动目标】

　　1. 培养学生运用身体语言来表达自己的思想感受和情绪体验。

　　2. 让学生在非常快乐的趣味形体情景中,体味团结合作,锻炼敏捷的大脑、灵活的身体,感受形体之美。

【活动准备】

　　1. 把全班分为四个活动小组,自由结合。

　　2. 多媒体课件、教学评价表。

【活动过程】

　　1. 听音乐进教室,准备活动

　　伴随着《拉德斯基进行曲》极富节奏的音乐声,同学们迈着有力的步伐走进教室,在各自的位置上做身体各部位的热身活动练习,师生问好之后,进入本课教学。

　　2. 通过英文歌曲《字母歌》导入主题

　　师:每个民族、国家都有自己的语言,每个国家都有自己的文字,我们通过说和写,可以和不同民族、不同国家的人进行交流。除了说话、书写等语言之外,人类自身还有一种语言,它可以表达你的情绪、你的感情,甚至你想做的事……那是什么呢?——我们的身体语言(屏幕显示)。

　　教学实录:

　　师:下面听一首你们非常熟悉的歌曲来做我们今天的地面活动练习。一会儿,你们来告诉我,这首歌曲的名字。

　　学生做勾盘脚、吸拉腿、压腿等练习。

　　师:谁来告诉我这首歌的名字?

　　生:ABC歌、字母歌。

　　师:噢,同学们一听就知道了,我们刚刚听到的字母歌是一首英文歌,那么我们知道每一个国家、民族都有自己的语言或文字。我们中国讲的是汉语,美国、英国和其他

一些英联邦国家讲英语，还有许多国家，德国讲？

生：德语。

师：日本讲？

生：日语。

师：俄罗斯？

生：俄语。

师：藏族？

生：藏语。

师：同学们说得非常好，我们汉字有笔画，英文有 26 个字母，通过这些符号的、自然的语言，我们可以和全世界各国家、各民族的人进行交流和学习，可是除了这些需要说话、需要书写的语言之外，我们人类还有一种语言，它可以表达你的情绪、你的心情，甚至你想做的事。比如当我说（做摆手状）——

生：不、不要。

师：当我说（做邀请状）——

生：请、请进。

师：那么这是什么语言呢？让我看看，电脑和你们谁想得快？（课件显示主题——我们的身体语言。）

3. 通过提问引出汉字笔画、英文字母，并用身体四肢去表现

汉字笔画：一、丨、㇀、乚

英文笔画：A、B、C、D、E（屏幕显示）

字词表现：a：大、b：小、c：走、d：游泳、e：举重。

这一环节充分利用多媒体课件，让学生根据具体的形态进行模仿，用生动形象的动画显示笔画、字母，让学生忍不住跟着动起来。

教学实录：

师：好，今天这堂课我们就来看看我们的身体是怎样说话的。这里我有一个问题：汉字是由什么组成的？

生：笔画、点横……（课件显示一笔画）。

师：请同学们用身体、四肢去表现。

生模仿笔画。

师：同学们做得非常好，让我们做一些更复杂的。我们的头像不像一个点？双臂伸展是不是横写的"一"？谁能做一个"撇"？

生作撇状。

师：大字？

生做大字状。

师：小字？

生做小字状。

师：你们看，把这些笔画组合起来，我们的身体就可以说话了。让我们再做一些：静静的？

生：坐好不动。

师：快快跑？

生做快跑步状。

师：举重？

生做举重状。

师：游泳？

生做游泳状。

师：我们再来看英语字母。

生根据课件显示字母模仿。

师：它们和写字、说话一样吗？

生：有点像，但又不一样。

师：哪里不一样呢？

生：语文、英语用嘴说话，用手写字，是有声的语言。身体语言是用脑、手、脚、身体说话，是无声的语言。

4. 有趣的形体游戏

（1）看图"说话"：播放《春雨沙沙》图文资料，学生看、听，并用身体形象地去表演。学生分为四组进行对抗赛，看看哪组表演最好。（歌词备注：沙沙沙沙，沙沙沙沙，春雨春雨轻轻下，小种子喝着雨水，一天一天发新芽，小苗苗喝着雨水，一天一天快长高。）

（2）字母游戏：组词"HAPPY"。把学生分为四组，每组负责组个字母，合作组单词。

这一环节，既有对抗又有合作。在小组讨论如何表现"春雨沙沙"时，气氛热烈得超乎想像，学生们的想法也丰富多彩、多种多样，有的扮作大树，竟然还有树洞，小乌龟从树洞里爬出，感受春雨。有的扮作小鸟，衔来种子，浇水发芽……童真有趣，童心可贵，孩子的想像力与创造力的确是成人无可比拟的。在对抗与合作中，学生也感受到了集体智慧与运动竞争的乐趣。

教学实录：

师：下面让我们听着字母歌，到我们自己的小组里，来做一个非常有趣的游戏，让我们用眼睛来看，用耳朵来听，用我们的身体去表演（课件显示——音乐《小雨沙沙》）。

生听音乐，看动画（第一遍音乐）；小组讨论、编排（第二遍音乐）；分组表演（第三遍音乐）。

师：做完了刚刚的看图说话，我觉得四个组各有特点，都很棒，接下来我要看看你们四个小组能不能团结起来完成下面的字母游戏，英文的"快乐"是怎么读的？

生：HAPPY。H、A、P、P、Y。

师：好，各小组准备。

生各组组成字母连起来，组成 HAPPY。

师：希望你们在今天的游戏中获得快乐。

5. 放松活动，记录"我的成长记录"

伴随着克莱德曼的钢琴曲，老师带领学生做调整呼吸、放松的"提、沉、冲、靠"练习。最后把本次课的"我的成长记录"发给学生做好记录。

我的成长记录					
姓名	动作掌握和发展	音乐感受	语言表达	学习纪律	心理成长教师评价
性别	自我评价				1. 兴　趣 2. 注意力 3. 观察力 4. 想像力 5. 模仿力 6. 创造力 7. 主动性 8. 自律性
班级					
年龄	教师评价				
身高					
体重	家长评价				
时间					

【案例评述】

　　本活动设计从课堂设计到课堂反应都得到了较高的评价,许多听课的老师都认为形体课能够这样上,能够跟各门学科联系在一起,还是比较少见的。从学生热情、热烈的反应中,我也深切地感受到：只有教不好的老师,没有教不会的学生。一些原本对形体课缺乏兴趣的男同学,在本节课中都表现得异常活跃。

　　现代教育注重培养学生学习的主动性和探索精神,同时也注重培养学生的兴趣和创造能力。在形体课堂上,如果我们能从小培养学生们的独立思考能力,从整体上强调专业的综合运用、发展创新,鼓励他们敢于标新立异、大胆想像的思想意识,必将有利于他们个性的发展、综合能力的提高。

　　以学生为主体,在老师的认知指领下,通过自己的探索和学习,发现事物变化的因果关系和内在联系,调动学生的积极性,使学生主动参与课堂实践,在游戏的对抗与合作中获得快乐。

　　这堂课也许不够深入,还显稚嫩,但在新课程标准指引下,形体课堂一定要敢于打破旧观念、旧思路,不单以技术技能为衡量标准。培养具有良好综合素质、富于创造力、富于团结协作精神、人格健全的学生才是教育的根本。

(深圳市南山区沙河小学　来　燕)

蒙古族舞蹈基本训练

【设计理念】

"敕勒川,阴山下。天似穹庐,笼盖四野。天苍苍,野茫茫,风吹草低见牛羊。"

这首来自一千四五百年前鲜卑语的古歌,读后,马上让人联想到游牧民族驰骋在大草原上,以蓝天为帐篷,以绿野为毡毯的豪迈气概。生活在这种一望无际的草原上,牧民们心胸开阔、坦荡,感情质朴、豪放。游牧民族喜爱翱翔于蓝天的雄鹰,喜爱驰骋在草原上的骏马,于是,就把民族的感情、性格和来自大草原的气势,都融会于鹰和马的舞蹈形象上。本活动的设计就是要把这种情感、性格和气概传达给学生。

【活动目标】

1. 让学生初步了解蒙族历史、地理和风土人情。
2. 初步掌握蒙族舞蹈的体态和心态。

【活动准备】

1. 准备具有民族特色的蒙族音乐。
2. 收集游牧人民劳动生活和地理风貌的图片。
3. 准备一个蒙族剧目的 VCD。

【活动过程】

1. 教学时间分析

课时一节(40 分钟)。课堂分为两部分进行。

第一部分(用时 20 分钟):

(1) 让学生观看蒙族照片并详细讲解蒙族的风土人情。

(2) 让学生闭上双眼静静地聆听蒙族代表性音乐并总结音乐的风格。

(3) 观看一个成品舞蹈的剧目。

第二部分(用时 20 分钟):教授蒙族《基本体态动律组合》。

2. 授课内容

蒙族《基本体态动律训练组合》

组合音乐:《沙漠的春天》

3. 教学过程

第一部分(讲解教学)

蒙古族是一个历史悠久的民族,现有 480 万余人,主要聚居在内蒙古自治区,其他分布在新疆、辽宁、吉林、黑龙江、甘肃、青海以及宁夏、云南等地。他们大部分都过着游牧生活,牛羊放在哪里他们就在哪里安家,所以他们的住所都是简单易拆卸的帐篷。(见图)在辽阔无垠的蒙古草原上,他们的祖先曾在这里生活繁衍,创造了优秀的草原文化,驯服了骏马,驰骋在辽阔的大草原上。勇猛、剽悍的游牧民族曾叱咤风云,活跃在亚、欧两洲的历史舞台上。这也造就了蒙族人民粗犷而豪放的性格。当他们站在一望无际的草原上,所有的一切都好像停止了,那种意境是心灵与自然的结合,万物似乎是虚无的。

游牧民族的生活中一刻也离不开马,马与游牧民族有着深厚的感情。马是交通工具、运输工具,马肉可食,马乳可饮又可酿酒,马皮的用处也很多。在牧民心目中马是不会说话的忠实朋友,马通人性、解人意,而且会关心主人。战斗中马可以帮助骑手摆脱困境,茫茫草原马能识途。马可以加快速度赢得时间,无异于扩大了人手和脚的作用。所以至今马仍是打猎、牧放、军事上不可缺少的工具,仍是游牧民族舞蹈中最为常见的形象。草原文化型民间舞蹈中马的形象不是外形的模拟,而是把马的特征和牧人对它的深切感情融会于舞蹈造型上,通过肩部的动作和上身的动态展示出来。(见图)

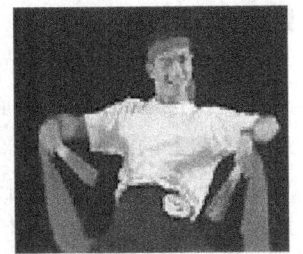

在讲解完蒙族的风土人情后组织学生围着一个圆圈席地而坐。闭上双眼,带着对大草原的渴望与向往静静地聆听一首腾格尔的《嘎达梅林》。欣赏完歌曲之后学生已经对蒙族的民族风格有了初步的认识,还须带给学生一定的视觉冲击。欣赏舞蹈《草原茫茫》,在观看的同时简单讲解剧目中的舞蹈动作及风格变化。

第二部分(身授教学)

蒙族《基本体态动律训练组合》

准备(4拍)体对5方向,右后点步位,面对4方向,胯前按手;第四拍的后半拍双手划至斜上手位。

①—2 右转身对2方向上右脚成左后点步位,双铲手至斜上手位。

3—4 静止。

5—6 上左脚踏步蹲,双手胯前位。

7—8 起身,右后点步位。

②—2 右脚往4方向撤至大八字位,双手斜下摊掌位。

3—4 撤左脚踏步蹲,双手平开手位。

5—6 起身,左后点步位,双手叉腰。

7—8 右脚撤至大八字位;最后半拍右转体对4方向,双手上划至斜上手位。

③—④做①—②的反面动作;最后半拍撤右脚成左脚前点步位,双手压至胯前。

⑤—1 重心移至左脚成踏步,双手提腕。

2 上身拧对1方向,双手随动。

3—4 上身靠向4方向,双手压腕至胯前。

5—6 重心移回右脚,双提腕,经1方向拧身对2方向。

7—8 下蹲,双手压至斜下手;最后半拍立起,提腕。

⑥—1 快拧身对8方向,双手压腕至胯前。

2 蹲,压右腕;后半拍立起,提右腕。

3—4 蹲,围腰手,右靠转成体对 8 方向;最后半拍立起,提腕。

5—8 做⑥—4 的反面动作;最后半拍右转身对 6 方向,双手胯前端手。

⑦—4 右脚起右转身垫步两次,胯前端手提压腕一次。

5—8 做⑦—4 的反面动作。

⑧—2 重复⑦—4 动作(垫步一次)。

3—4 做⑧—2 的反面动作;最后半拍右转身对 5 方向,双手叉腰。

5—7 右脚起横移步柔肩拧转动律。

8 左脚重心左转身对 1 方向,右前点步,面对 8 方向,右手提腕对 2 方向斜下,左手压腕至右胯前。

【案例评述】

肢体训练,在蒙族舞蹈中是非常重要的,它的目的就是要使演员具备蒙族舞的基本素质。换言之,也就是全面掌握蒙族舞的动态特征。在蒙古舞蹈的风格视觉模式中,体现在动态上的最鲜明、最有表现力的特征部位是肩、臂和腕。因此蒙族舞的肢体训练着重要求演员在肩、臂、腕上下工夫。蒙族舞中有柔肩、耸肩、弹肩、甩肩、抖肩六种"肩功",练就一番炉火纯青的肩功同样不应寻求什么捷径,而应一步一个脚印地从单一的硬肩训练起。之所以强调训练步骤的规定性,是因为各种外部形态的肩具有肢体结构上的统一性,而这种统一性恰恰体现在肩的外部形态在发展变化过程中的衍生。

本活动设计对学生进行了一次很好的人文知识和舞蹈体态的教育,通过对蒙族的风土人情的了解让学生看到了蒙族人民的生活状态,使身在城市中的学生们感受到了草原、牛羊和帐篷,身临其境的感觉油然而生。这对学生们的德育具有很好的促进作用。

(深圳市南山区学府中学　王海鹏)

草 原 上

【设计理念】

　　本活动设计力图引导学生进行体验、探索、创造性的学习音乐,使他们在学习中充分体会风和日丽、绿草如茵的草原风光,使自己置身于一望无际的辽阔草原情景之中,从而激发学生对草原牧民爽朗豪放的性格的热爱之情。在教学过程中,把唱、舞、体验结合在一起,引导学生们边舞边唱,在体验美好和创造美好中愉快地学习。

【活动目标】

　　1. 指导学生用欢快、活泼的情绪演唱歌曲《草原上》,让学生初步感受我国内蒙古民歌的音乐风格。

　　2. 在中速、悠扬的歌声中,要求学生根据VCD碟播放的草原景色来展开各自的联想与想像,投入到"草原上"的情景中去。

　　3. 请同学们即兴舞蹈,展示他们的创编能力。

【活动准备】

　　多媒体电脑、课件、挂图、彩带。

【活动过程】

　　师:同学们好!现在请同学们看老师做几个舞蹈动作。

　　教师播放蒙古族音乐带,教师做骑马、挥动鞭子等动作。

　　师:我做的是什么动作?

　　生:老师做的是骑马、挥动鞭子的动作。

　　师:请同学们把马叫声、马蹄声和鞭子声发出来。

　　生:蹄跶蹄跶、沙、沙。

　　师:我国哪个民族的人最喜欢骑马?

　　生:蒙古族。

　　师:蒙古族一般居住在什么地方?

　　生:居住在我国的北方,内蒙古地区。

　　教师播放VCD《蒙古人》光盘,让同学们边看边想内蒙古地区的音乐,及从视觉上去感受内蒙古人民的风土人情。

　　师:同学们,你们看见了什么?

　　生:看见了美丽的大草原,看见了蒙古人在草原上骑马、跳舞。看见了他们居住的房子(蒙古包),看见了蒙古人在做糕点,看见了那里的小孩从小就要学骑马,看见了他们在吃羊肉,看见了他们穿的衣服是长袍、靴子。(师生交流有关蒙古族的资料。)

师:同学们刚才看得非常认真,蒙古族是个能歌善舞的民族,那里的人民非常勤劳。

教师播放《草原上》伴奏带,让同学们闭上眼睛,边听音乐边感受自己去了内蒙古大草原上是怎样的情景。

生:在那里和蒙古小孩一起跳舞、骑马、吃东西,和蒙古人摔跤,那里的风景非常美丽。

师:今天我们学习《草原上》这一课,全班同学看这首歌的曲谱,分析每小节几拍、几小节、几段。

生:四拍子歌曲,8小节、2小段。

师:四拍子的强弱规律是怎样的?

生:强、弱、次强、弱。

全班同学轻声随老师学唱这首歌的曲谱。

师:哪一位同学能拍击四拍子的节奏?

同学们举手拍击。

师:分组进行拍击,1~4组同学双手拍击桌子,5~7组同学每一小节的强拍双手拍击桌子。(随《草原上》的伴奏音乐,进行拍击。)

师:刚才我们学习了《草原上》的曲谱,现在老师请一位同学把这首歌的歌词朗读一遍。(一位学生朗读。)

师:这位同学朗读得很好,现在全班同学一起把歌词朗读一次。

在同学们的朗读声中,教师在黑板上贴上太阳、马、羊、蒙古人的图片。

师:好,现在我们来分析一下这首歌的意义。

生:这首歌赞美了内蒙古大草原美丽的风光和人民的幸福生活。

师:现在全班同学聆听《草原上》这首歌。

全班同学在聆听范唱的同时,随着轻声学唱。

师:现在同学们能把《草原上》这首歌唱熟悉了。同学们,现在我们开始分组自编讨论这首歌的舞蹈动作。(分成若干小组进行讨论。)

师:现在讨论完了,老师找几个小组的代表上讲台来进行表演。

三个同学上讲台表演。

师:同学们自编的舞蹈非常好。现在老师再找几组同学上来表演。

三个同学上讲台来表演。

师:他们几个同学表演得好吗?

生:好。

师:现在全班同学手拿彩带站起来,把各自创编的动作,随着《草原上》的音乐跳一次。

全班同学站起来跳。

师:刚才同学们创编的舞蹈很不错,现在1~4组同学拍打节奏,5~7组同学站起来表演。

师：同学们的表演和拍打的节奏都配合得比较好，但是拍打节奏的组有点抢拍子了。

师：现在全班同学站起来和老师一起把《草原上》这首歌的舞蹈跳一次。

全班讨论、回答问题。

师：今天这节课同学们很活跃，能比较好地把《草原上》这首歌曲唱好。很多同学都能积极地回答问题。这堂课积极发言和回答问题的同学下课后每人有一个红花奖，记在你们的笔记本上。下课。

【案例评述】

《草原上》是一首以内蒙古民歌音调为素材的歌曲。为了让同学们了解祖国内蒙古民歌的风格和蒙古族的风土人情，对于这一教材，我采用的主要教学模式是让学生观察、体验、创造地学习，从而让学生真正成为课堂的主人。在创造性的学习方面利用彩带来激发学生的创编和创新能力，从而活跃课堂气氛。最后全班同学随《草原上》这首歌的音乐手拿彩带边唱边舞，把课堂气氛推向了高潮。

（深圳市南山区南头城小学　代　彬）

雪山小雄鹰

【设计理念】
　　本教学活动设计主要是让学生在一系列的音乐实践活动中获得知识,努力地为学生创造一种轻松、愉快的活动氛围。培养学生自主、合作的学习能力,增进学生的竞争意识,注重学生创新能力的培养。

【活动目标】
　　1. 观看西藏风景图片,聆听西藏风情音乐,了解藏族的服饰特点、建筑风格,使学生对藏族有初步的了解,并喜爱它。
　　2. 让学生用优美动听的声音演唱歌曲《小格桑》,学会一到两个藏族舞蹈动作,能自己编动作表现歌曲,体会藏族小朋友愉快的心情,并能以小组合作的方式制作藏族服装。

【活动准备】
　　1. 把全班学生分为六个小组。
　　2. 准备彩条、白纸、彩纸。
　　3. 音乐课件。

【活动过程】
　　1. 课前欣赏,导入课题。
　　播放《爱我中华》的音像资料,让学生随着音乐步入教室,同学们都非常开心地做着各种各样的动作进入音乐教室。有的学生还跟着录音唱呢。到了自己的座位后同学们还很高兴地晃动着身体。老师:"同学们,刚才听到的那首歌曲的名字是什么啊?"学生异口同声地回答:"爱我中华。"老师:"回答得很正确。我们的祖国大家庭有五十六个民族,每个民族都非常有特色,今天老师要带同学们到一个美丽而神秘的民族去看一看。"
　　2. 创设情景,唱一唱
　　在大屏幕上呈现出了由歌手李娜演唱的歌曲《走进西藏》、《青藏高原》两个音乐片段,学生们有的也跟着哼唱起来。老师:"刚才我们看到的风景美吗?"生:"好漂亮啊!"师:"那你们知道那是什么地方吗?哪个民族在那里居住呢?"生:"我知道,是西藏,那里居住着藏族。"师:"很对,其实藏族不仅在西藏地区有,我国的其他的地方也有,如:青海、四川、云南、甘肃等。主要是在西藏。这么美的地方,那老师带同学们去看一看那里的好景色吧。"

伴着课件《布达拉宫》的出现,学生们惊叹不已:"哇,好美啊!""真漂亮!""好壮观啊!""啪啪啪",还有学生在鼓掌。一年级的学生总是能为很多美好的事物而发自内心地去赞美,毫不吝啬。师:"这就是西藏最著名的建筑布达拉宫。"接下来简单地介绍一下布达拉宫的情况。听完老师的介绍,看得出来,学生们对西藏产生了很大的兴趣。

老师抓住这个时机说:"那里的人民除了有非凡的建筑才能外呢,还能歌善舞。听,一个藏族小朋友正唱着优美动听的歌曲。"学生初听歌曲。师:"好听吗?"生:"好听,这首歌好欢快啊。""我听了好激动啊。"这就是他们对歌曲最直接的感受吧。师:"那我们就来唱一唱吧!"生:"好。"老师让学生们跟着录音反复唱几遍。歌词朗朗上口,没一会功夫他们都可以学会。师:"考考大家,刚才歌曲唱了一些什么内容?"生:"唱了一个藏族小朋友,手拿冲锋枪,想长大了保卫祖国。""唱的是这个小朋友很开心,很自豪。"

"老师,亚拉索是什么意思啊?"哈,这个小家伙还蛮认真仔细啊。老师:"这个问题问得非常好。它表示很开心的意思,是藏语,是一种语气词。就像你们很开心的时候会说'耶'一样。那你们想一想,这几个词要怎样来唱呢?"生:"应该更开心、更激动一些。"师:"那谁来表现一下?""我来。"有名的"小淘气"站了起来,做着胜利的手势,一边蹦着,一边唱着这几个词。师:"真棒!"并给他一枚小音符以示奖励。师:"那我们一起来唱一唱,好吗?"学生们随着伴奏唱起来,情绪非常高涨。

3. 跟着音乐拍一拍,奏一奏

老师请学生把第一乐句的节奏拍出来,并问:"除了拍手来表示外,还有什么别的办法吗?"有的学生拍肩,还有的跺脚,有的敲桌子。更有意思的是一个学生拍自己的屁股,引起了全班同学的一阵笑声。师:"呵呵,真是有创意,动作再优美一点就更好了。"接着,让学生用打击乐器为歌曲进行伴奏。学生表现出了更高的积极性。

4. 跟着音乐跳一跳

为了让学生对藏族舞蹈有一个大致的印象,老师可播放一段藏族舞蹈片段,并让他们进行模仿。有几个小舞蹈家学得还有模有样呢。接下来老师教他们学习几个简单的舞蹈动作,并请学生进行表演。要求可用老师教的动作,也可自己编动作。呵,一群"舞蹈家"在上面跳得好欢啊。有的学生手拿"冲锋枪",有的在转圆圈,有的直跺脚。尽管他们的动作还那么稚嫩,可是看得出他们是用心在跳,用心在感受音乐。

5. 做一做藏族服装

师:"表演时还要有演出服啊。"给学生们呈现出藏族女性服装(课件)。"哇!"每播放一张,学生就会发出这样的声音。"哗哗哗",结束时,一片掌声。"真是太漂亮了啊!"老师为学生们介绍藏族服饰的特点和名称:女人头带"巴杜",腰围"邦甸",肥腰,长袖,还有洁白的哈达,用来象征纯洁、吉利。

师:"我们来比赛,每个小组做一件藏族服装,看哪一组做得又快又好。""噢!"学生们开心地以小组为单位做了起来。"快啊。""唉呀,你怎么贴的啊,不对啊。""这里,这里!"哇,好不热闹啊。个个满头大汗。师:"时间到。""耶,我们第一名。""快,快,来不及了。"师:"请各组展示一下你们的劳动成果。"呵,有的小组衣服还只贴了一半。有的小组"巴杜"还没编好,一脸的不开心,很可爱的样子。师:"尽力就好了。下次再努力吧。"

6. 演一演

全班学生一个也不落下,有的打击乐器,有的穿上藏族服装翩翩起舞,有的动情歌唱,充满了欢乐的气氛,到达了最高点。"老师,我们好开心啊。""是啊,是啊,真高兴啊!"

【案例评述】

低年级的学生形象思维丰富,老师选用了精彩的音像资料来创设美丽的情境,启发学生一步一步地去感受美,表现美,创造美;使他们身心愉悦,体会到了合作、团结带来的喜悦;培养学生的竞争意识和良好的心态;调动了学生动口、动手的积极性;自主学习,主动学习,老师和学生打成一片,没有界限。

【资料链接】

1.《音乐课程标准解读》,北京师范大学出版社。

2. 西藏自治区网站。

3.《李娜十年精选集》VCD。

(深圳市南山区外国语学校 鲁 妮)

快乐西藏行

【设计理念】

　　西藏对刚刚入学的一年级孩子来说是陌生、神秘、遥远的地方,怎样让懵懂无知的孩子们了解新世纪版艺术教材一年级下册第十单元《民族大家庭》中的藏族,并在课堂中学习藏族的童谣和踢踏舞步呢?本教学活动设计力图结合我校国家级课题《网络环境下艺术教学模式的建立》的研究,让孩子们以旅行为线索,充分利用丰富的网络资源开阔孩子们的艺术视野,激发孩子们的兴趣,在视觉、听觉的冲激下唱、跳、做,在丰富有趣的活动中提升情感体验,了解、感受西藏的生活、风俗、服饰、舞蹈、童谣等特点,激发孩子们对西藏的向往与热爱之情,在艺术表现中体验快乐的情绪,表现藏族儿童的幸福生活。

【活动目标】

　　1. 通过艺术欣赏使学生主动了解西藏风土、人情、服饰、音乐等特点,激发学生的学习兴趣。

　　2. 通过学唱歌曲《多么幸福,多么快乐》感受藏族踢踏舞的特点,通过学习踢踏舞的基本舞步,表达藏族儿童的幸福生活,体验欢快的情绪。

　　3. 通过听、看、说、唱、做、跳、创等多种艺术活动,培养学生的艺术想像力、感受力和创造力,激发孩子们对西藏的向往与热爱之情。

【活动准备】

　　1. 每个学生准备3条不同颜色的彩带,可用彩色皱纹纸剪。

　　2. 教师准备彩色头绳1根,藏族围裙1条。

　　3. 教师课件。

【活动过程】

　　1. 创设情境,激趣导入

　　同学们听《爱我中华》音乐进教室。

　　师:同学们,上节课你们上了"民族大家庭"一课,我国有多少个民族?今天老师带你们去参观其中的一个民族,你们想去吗?下面我们先看一段动画,听听音乐,猜猜这是哪个民族?

　　欣赏Flash《家乡》。(通过网上下载的孩子们最喜欢的"动画"来吸引孩子们。)孩子们听到韩红《家乡》美妙的音乐,不由自主地跟着唱,尤其是"衬词"部分孩子们非常喜欢。

　　师:你们喜不喜欢这个地方?猜猜这是哪个民族?

学生猜(巩固上节课的内容)。

师：我们到底去哪里？

师出示课题。同学们大声读课题。

师：同学们，请跟上我的步伐，一起去旅行吧，千万别掉队！

师先踏基本节奏，再变一两条简单的踢踏舞节奏，学生高兴地模仿。(让孩子们在活动中感受踢踏舞步。)

出示节奏谱。

师：让我们跟着音乐出发吧！

播放藏族童谣《多么幸福，多么快乐》的伴奏音乐。(让孩子们在不知不觉中熟悉聆听要学的歌曲音乐，并巧妙地配上踢踏舞步。)

2. 学唱歌曲

师：我们的到来使藏族小朋友很开心！他们给我们唱了一首歌曲，听听他们唱了什么？(听记歌词。学生说听到的内容。)

做"我唱你拍"的游戏。教师唱一句，学生认真听，然后用手拍出教师唱的节奏。接下来变成"我拍你说"的游戏。教师拍节奏，学生按节奏把歌词读出来。再变成学生与学生之间做游戏。(通过游戏师生互动、生生互动，在玩中巩固节奏、歌词和旋律。课堂气氛活跃。)

师：下面我们再听藏族小朋友唱一唱。(学生跟音乐轻唱、默唱两遍。反复听唱，学习。)

3. 欣赏、体验

师：藏族小朋友为什么那么幸福、快乐？你们想不想看看那里的风景？下面我们坐上旅游车仔细看，看完告诉老师你看到了什么，最喜欢哪里？(通过课件展示一系列网上下载的西藏风土人情的图片，有珠穆朗玛、雪山、高原、圣湖、布达拉宫、服饰等。配上《走进西藏》的背景音乐，仿佛把学生带入了神秘的雪域高原，学生发出齐齐的欢呼声。)

接下来孩子们纷纷举手，激动地述说自己看到的风景和最喜欢的地方，有些学生因为不认识字而将地名说错。(通过孩子们述说，教师及时评价和指正，学生对藏族风光和服饰特点有了感性认识。)

师：你们能不能说一说他们的服装有什么特点？学生描述各种各样的特点。

4. 表现、创作

师：你们看，老师像不像西藏人？

教师把彩色头绳系在头上，又系上一条藏族围裙，同学们都哈哈大笑。(通过装扮自己创设情境，激发学生创作表现的欲望。)

师：下面再看看其他小朋友的装扮。(通过课件展示小朋友制作头饰围裙的画面，了解制作的方法和过程，进一步激发孩子们的创作欲望。)

接下来，小朋友自己用手中的彩带制作头饰或围裙。

最后孩子们纷纷戴上自己做的头饰或围裙，唱起《多么幸福，多么快乐》的歌曲，在一片幸福快乐的情绪中结束今天的旅行。

【案例评述】

《快乐西藏行》一课充分利用网络资源来激发和提升学生的情感体验。一开始FLASH动画《家乡》激情导入,接着通过课件播放歌曲、旅行观光欣赏风景、制作头饰围裙等方法,体现了现代信息的功效,体现了网络资源的强大功效,更重要的是随着网络资源不断冲击学生的视觉听觉,学生产生了很多的新奇感,情绪越来越高涨,注意力越来越集中,幸福快乐的情绪情感体验也越来越深刻。

本活动设计还有一个优点:通过参观旅行这样一个学生感兴趣的事件将学唱歌曲、学习踢踏舞步、欣赏风景图片、制作头饰等教学内容巧妙地衔接起来,连成一条线贯穿始终,脉络清晰,层层展开,有效激发了学生的学习兴趣和参与的愿望,在艺术的氛围中加深对学习的理解,增加了学习的实效性。

【资料链接】

1. 搜狐网 http://www.sohu.com
2. 中国西藏信息中心 http://www.tibetinfor.com
3. 百度网 http://www.baidu.com

(北京师范大学南山附属学校小学部　吴　灿)

民族大家庭

【设计理念】
　　本活动设计是从音乐切入的艺术课。通过欣赏、歌唱、表演、手工制作、舞蹈等艺术活动,让学生知道祖国是一个团结和睦的民族大家庭,并了解他们的服饰特点,从而认识各少数民族,拓展学生的知识面,为祖国有着这么丰富的艺术资源而自豪,同时使学生对各民族的音乐风格有一个感性的记忆。集体舞让学生在参与中充分感受到生活在祖国大家庭里的温暖。

【活动目标】
　　1. 通过欣赏各民族图片,了解各民族服饰特点和风土人情。
　　2. 学会编织藏族头饰花环。
　　3. 认识生活在雪域高原的藏族,唱藏族儿歌,感受欢快情绪。
　　4. 表演献哈达,体验藏族礼节。

【活动准备】
　　多媒体课件、彩色纸条若干、双面胶、哈达等。

【活动过程】
　　学生踏着《爱我中华》进教室。师生问好。
　　师:刚才你们听到的歌曲叫做《爱我中华》,歌词中唱到:"五十六……"五十六指的是什么?
　　生回答。
　　师:哦!指的是我们祖国有五十六个民族,是个多民族的大家庭。你们知道有哪些民族吗?
　　生回答。
　　师:你们懂得的真多!我们同学中也有少数民族,比如马梦钰同学就是回族人。现在,老师就带你们去各个民族走一走,看一看(播放图片)。
　　这是藏族人民挥舞着长袖,跳着节日的舞蹈。
　　这是两位白族姑娘,她们的头饰和服装颜色鲜艳,美丽。
　　姑娘们头上插满了花,小伙子头上缠着彩带,这是傣族。
　　她们服饰的花纹最有特色,能歌善舞,这是维吾尔族。
　　画面出现布达拉宫,老师提问并讲解:这是什么地方?哪个民族生活在这里?它建筑在拉萨普陀山上,金碧辉煌,非常壮观。

播放歌舞影视(录像)。

师:少数民族人民都非常热爱生活,能歌善舞,他们那里的小朋友也和你们一样,在祖国大家庭中快乐地成长着。上节课老师教你们唱了两首好听的藏族儿歌,你们还记得吗?好!那让我们一起来唱,起立!(放歌曲。)

师:同学们表演得真不错,请坐!

师:(出示图片藏童)这里有很多藏族小朋友,他们都穿着节日盛装,你们发现没有,他们头上都戴着一个彩色花环,非常漂亮。

(出示小朋友制作图)这些小朋友在做什么?就是在做刚才藏族小朋友头上的花环。

(出示图片小女孩)这个小女孩已经戴上了自己做的花环和花裙,真漂亮!

师:你们现在是不是也手痒痒了?也想给自己做一个美丽的花环吧!老师今天也带来了一个我做好了的花环,带上。

示范讲解制作方法。

学生分成三组,分发制作工具,制作花环,制作完毕后戴在头上。

介绍藏族礼节——献哈达。献哈达是对人表示纯洁、诚心、忠诚的意思。敬献哈达十分讲究,要求双手托起,高高举过头顶。示范。

学生模仿,体验献哈达。学生按照藏族的礼节动作把洁白的哈达献给前排的学生。

全体师生随《爱我中华》跳集体舞,学生踏着舞步出教室。

【案例评述】

这是一年级艺术下册的最后一课——民族大家庭。民族这个词对于一年级的学生来说是个很抽象的概念,怎样才能让学生认识它、理解它并对它感兴趣呢?围绕这个问题教师采用了丰富的教学手段,安排了"欣赏图片——表演歌曲——编制头饰——体验民族礼节——跳集体舞"这一活动序列,层层深入,使学生对我国的民族文化艺术产生了极大兴趣,为学生形成健康、高尚的艺术品位打下良好基础。

整节课气氛活跃,环环相扣,注重学生对艺术的感知,为学生提供了多方面、多角度、多渠道的情感体验,使学生从玩中得到了艺术熏陶。

【资料链接】

1. 中华人民共和国教育部制订:《音乐课程标准》,北京师范大学出版社,2001年版。

2.《中小学音乐教育》,人民音乐出版社。

(深圳市南山区阳光小学　李妍慧)

新疆是个好地方

【设计理念】
　　本教学活动设计力图创设音乐审美教育的情境,通过欣赏、唱歌、舞蹈、折纸、绘画等艺术活动,使学生对民族音乐、歌舞产生浓厚兴趣,通过音乐自身的魅力唤起学生的情感和共鸣,使其在活动中得到人文素养、艺术能力的提高,让学生在融入音乐情感之中发展各种能力和思维。

【活动目标】
　　1. 用热烈欢快的情绪、活泼而有弹性的声音演唱歌曲《新疆是个好地方》。
　　2. 通过维吾尔族舞蹈动作的学习实践,感受维族舞的美。
　　3. 自编节奏用打击乐器为歌曲伴奏。

【活动准备】
　　1. 教师准备:相关歌曲磁带、《阿凡提的故事》的VCD、新疆舞蹈VCD、彩色卡纸、常用打击乐器。
　　2. 学生准备:画笔、介绍新疆的资料。

【活动过程】
　　1. 导入
　　学生伴着歌曲《新疆好》进入教室,教师穿着新疆服装迎接学生。
　　学生们都非常好奇地看着老师:"老师,您穿的是什么啊?"
　　有学生迫不及待地喊到:"我知道,这是新疆的服装!"
　　"哇!好漂亮啊!"
　　2. 走进新疆
　　(1) 播放背景音乐《新疆好》,学生交换欣赏课前搜集(或教师提供)的有关新疆的图片、文字资料等。
　　(2) "同学们,让我们乘着旅游车去新疆旅游!"
　　出示课件,播放新疆文化片,以《新疆是个好地方》为背景音乐。
　　(3) 小组竞争做导游。
　　"导游"向大家简单介绍新疆的风土人情、地域文化等,做导游的学生可在任何地方停下,邀请其他学生继续他的解说,要求语言生动。
　　有位小导游开了个好头:"新疆是个美丽的地方,那里有肥沃的土地,辽阔的草原,秀丽的天山等自然风光。"

其他小组也不甘示弱:"维吾尔族人民能歌善舞,每逢喜庆的日子,男女老少都载歌载舞。"

"他们的服装非常漂亮,也很有特点,如男女老少都爱戴绣花小帽,少女还梳十几条发辫。"

"他们爱吃羊肉、抓饭、奶茶。"……

3. 表演《新疆是个好地方》

(1) 完整地聆听歌曲,充分感受歌曲的音调。

设问:听了这首歌曲,你想像看到了什么?你的心情怎样?

"老师,我觉得听了这首歌曲好像亲身来到了新疆一样,看到那里无限美的风光,我觉得很开心!"

"我很想跟着音乐一起跳起舞来,很兴奋!"

"歌里面唱了很多好吃的,我好像看到眼前有一串串的葡萄,好馋啊!"

"哈哈哈……"

(2) 在教师的指导下用听唱法学会歌曲并有感情地演唱,注意歌中的衬词"乃"要唱得轻巧,不要唱得重而实。

(3) 观看新疆舞蹈 VCD,感受维族舞的美,学跳新疆舞的基本动作。

(4) 出示新疆帽的实物投影,学生仔细观察它的特点。教学生用彩色卡纸折新疆帽并画上自己喜欢的花纹。

(5) 学生戴上自己设计的新疆帽,伴着《新疆是个好地方》的音乐,在教师指导下,分组自由编排一段新疆舞进行表演。

(6) 分组编创节奏,选择打击乐器为歌曲伴奏。

"让我们开一个具有新疆风格的联欢会!"

学生们选择自己喜欢的方式表达音乐感受,有的用歌声表达美好情感,有的用画笔画出音乐,有的用肢体舞出优美旋律……

4. 观看《阿凡提的故事》VCD

在愉快的笑声中结束本课。

【案例评述】

本活动设计充分创设情境,让学生处于一个轻松、愉快的学习气氛中。采用图片、多媒体、电视等手段展示新疆风光及少数民族歌舞的场面给学生看,充分激发了学生的兴趣,吸引了学生的注意力。运用小组学习及表现方式加强了同学之间的配合与协作,每个学生都在学习中享受到音乐的乐趣,表现出独特鲜明的个性,加深了对民族音乐的理解和热爱,充分调动了学生的主观能动性,使学生欣赏、感受、体验美的能力不断提高。

【资料链接】

1.《音乐(二年级)义务教育九年一贯制教科书》,人民音乐出版社,2001年版。

2. 杨立梅主编:《艺术(二年级)义务教育课程标准实验教科书》,教育科学出版社,2004年版。

(深圳市南山区中英文学校　张　敏)

青春舞曲

【设计理念】

中小学音乐教研工作计划中强调：音乐学科要体现音乐审美为核心的教学理念，应在潜移默化中培养学生美好的情操、健全的人格，为学生终身喜爱音乐、学习音乐、享受音乐奠定良好的基础。为此，在面向全体学生的音乐课堂教学中，应从学生的实际出发，从学生已有的知识经验出发，以音乐作品作为人文艺术的整体教学重点。在教师的启发下，带动学生参与以创造为主的教学过程，把追求学生完美、标准的答案变为追求学生获得充分的艺术感受与审美体验。"快乐的学习，亲身的体验最难忘。"让学生在轻松愉快的学习气氛中体验到音乐的美，提高学生的兴趣和爱好。在《青春舞曲》一课的教学中，不追求学生的识谱能力、歌唱技巧，主要是让学生在创作律动和创编节奏中感受和体验新疆民歌的风格特征。

【活动目标】

1. 学会并背唱歌曲，且能把握歌曲的情绪。
2. 感受和体验歌曲丰富的音乐表现形式。
3. 在音乐活动中增强对歌曲风格的理解，同时增强节奏感和创造力。

【活动准备】

1. 录音机、相关的光盘、简易的打击乐器等等。
2. 学生已有相关维吾尔族的知识，并会唱歌曲《娃哈哈》，掌握了相关知识。

【活动过程】

1. 建立感情

（1）教师与学生有节奏地互相问好。

（2）节奏传递游戏（《青春舞曲》的旋律节奏）。方法是由教师发出起始节奏传给下一个人，然后依次传下去。传递过程中要求速度与节拍必须稳定。此游戏后学生对歌曲节奏已初步掌握。

（3）手势音阶。先进行单声部，然后进行二声部。

2. 活动主体

（1）播放歌曲《娃哈哈》，让学生回忆歌曲情绪及风格，使之产生共鸣，激起学生学习的兴趣。

（2）导入：大家应该很熟悉这首歌曲吧，从歌声中我们感受到了什么？（童年的回忆是甜美和幸福的。）它是哪个民族的？我们的国家幅员辽阔，民族众多，各地的民歌也特别丰富,并具有各自的特点,你能列举一些你所熟悉的其他的新疆民歌吗?(依次让学生听一下《阿拉木汗》、《掀起你的盖头来》、《新疆好》、《马车夫之歌》,为下面的舞蹈创编、节奏创编作铺垫。)

(3) 揭示课题:今天我们再一起来学习一首新疆民歌《青春舞曲》。

(4) 学唱新歌。播放歌曲《青春舞曲》,感受歌曲的情绪;随歌曲击掌拍节拍;根据节奏朗读歌词;随录音配词唱歌;歌曲的艺术处理,强调用欢快跳跃、富有朝气的歌声演唱歌曲。

(5) 请个别学生谈一谈此曲的风格特点并尝试演唱,然后教师给予鼓励性点评。

(6) 音乐活动。

师:我们知道新疆素有歌舞之乡和瓜果之乡的美称,只要你踏上天山南北这辽阔的土地,你就会时时被那清晰的音乐节奏和那翩翩的舞姿所陶醉,此时,你不能不发出由衷的赞叹:歌舞之乡,名不虚传。你知道新疆维吾尔族舞蹈的一些基本动作吗?我们不妨一起试试。

创编舞蹈动作,说明可以是新疆的,也可以是其他的,只要与歌曲的节奏相适应即可。也可这样做:师预先教几个有舞蹈基础的同学,让他们集中编排练习,后向学生展示。

师:刚才同学们随着这轻快的节奏跳起了欢乐的舞蹈,从中你感觉到它的一种典型的节奏音型了吗?

教师首先介绍新疆维吾尔族的特色乐器:手鼓、萨巴依(用图片向学生呈示)。说明萨巴依原是一对羊角上穿若干铁环而成,现制成两根并排的硬木棍,中部装两个大铁环,每个大铁环上又套若干小铁环组成。演奏时,右手执棍摇震或碰击手、肩等部位发声。常用于舞蹈伴奏。

创编节奏,分组进行,展示、评价。这里老师提供一些打击乐器:铃鼓、碰铃、木鱼、响板等,如不够,可以击掌、拍腿、跺脚。然后分组进行自编节奏,教师巡回并做相应的辅导。评价的时候让学生自己评,主要是看哪一组的节奏与歌曲配起来音响效果最好。

(7) 合作:

分成几组:唱歌的、打击乐伴奏的、舞蹈的,让学生在音乐中尽情挥洒,这时的课堂气氛应该是轻松和富有青春活力的。同学们通过这些音乐活动,充分发挥自己的想像力和创造力,体验创编后的成功感。

3. 小结

师:有一种说法很是耐人寻味:世界上有两种东西,当你失掉后才会发现其价值,那就是——青春和健康。花有重开日,人无再少年,让我们抓住青春大好时光,努力学习,朝着自己奋斗的目标前进吧!

【案例评述】

本活动设计非常新颖,有效地激发了学生的学习兴趣,"学生主体性"的课程改革的新理念体现得淋漓尽致,完全打破了传统音乐课的模式。尤其是"奥尔夫"音乐教学法的引入,使学生自始至终保持着较兴奋的状态跟随教师的思路进行活动,活而不乱,较高效率地让学生得到了综合能力的提高。另外,本活动设计最突出的是老师能将学生们对基本已遗忘的民族音乐的兴趣引到了极高点,使学生们充分体验到了民族音乐的魅力。

(深圳市南山区中英文学校　王　强)

我是少年阿凡提

【设计理念】
　　本教学活动设计让学生在学习歌曲的过程中来感受音乐、表现音乐，通过教师与学生之间的交流，学生与学生之间的相互交流、相互学习来拓展他们的思路，充分发挥学生的创造力，显示综合能力，并通过歌词的创作对学生进行环保教育。

【活动目标】
　　1. 唱好《我是少年阿凡提》这首歌，在歌声中体现角色的风度与气质。
　　2. 通过歌曲中阿凡提的事迹及学生的歌词创作对学生进行环保教育。

【活动准备】
　　1. 有关阿凡提的动画片。
　　2. 把班级分成四个小组。
　　3. 打击乐器：铃鼓、双响筒、碰钟、沙锤若干。

【活动过程】
　　1. 听音乐进教室
　　播放新疆风格的舞蹈音乐，教师做新疆舞蹈动作，学生进教室后随教师一起做。
　　2. 导入新课
　　师：通过聆听音乐以及和老师一起做动作，你知道刚才的音乐是哪个地方的吗？
　　生：新疆。
　　师：说到新疆你能联想到什么？
　　生：羊肉串、哈密瓜、葡萄、西瓜、很大个的梨。
　　师：都是吃的呀，还有什么？
　　生：新疆的舞蹈、跳舞时手里拿的鼓。
　　师：那是手鼓。
　　生：新疆小姑娘头上的辫子。
　　师：大家说得都很好。今天老师带你们去认识一个新疆的传奇人物，他是谁呢？我们一起来看一看。
　　播放阿凡提的动画片，一播放学生就兴奋地叫了出来："阿凡提！"
　　播放完毕问学生：你们能说说阿凡提的英雄事迹吗？
　　学生们踊跃发言。
　　3. 学唱《我是少年阿凡提》

(1) 初听歌曲范唱(出示大歌谱)。

师：看来大家对阿凡提的故事很了解，下面我们一起来听一首有关阿凡提的歌《我是少年阿凡提》，在听的时候同学们思考两个问题：第一，这首歌具有哪个地方民歌的风格？第二，这首歌给你什么样的感受？

听完范唱后学生回答：具有新疆民歌风格。给人的感觉是欢快、活泼、有趣等。

师总结：这是一首具有浓郁新疆风格的带有诙谐情调的歌曲。

(2) 复听歌曲范唱(出示与歌曲有关图片的课件)。

师：歌中的阿凡提做了哪些好事？

听完后学生回答：劝阻别人不要打鸟儿、不要捉青蛙、不要折断花草树木。

师：谁能用一句话概括阿凡提的行为？

生：保护环境。

(3) 再听歌曲范唱，随音乐打拍子。

师：大家看这首歌是几拍子的？

生：2/4拍。

师：下面请同学们再听一遍，并随着音乐用 2/4 拍的指挥图示画拍。

(4) 听教师范唱。

师：再听一遍，找出歌曲中你所知道的和你不懂的音乐记号。

学生回答，老师根据学生的回答并结合课后听辨练习讲解。

(5) 学生先自己试唱前四小节带有变化音的乐谱，后集体演唱，教师给予指导。

(6) 同桌两人练唱全曲乐谱，教师到学生中间指导。

(7) 全班集体演唱乐谱。

(8) 随琴用"la"和"lu"哼唱曲调。（目的在于进一步熟悉歌曲曲调，为唱好歌曲服务。）

(9) 有感情地朗读歌词。

(10) 随琴演唱全曲。

教师提出要求：注意倾听自己和大家的声音，演唱完后对自己的演唱做评价。

演唱完后学生有的说自己唱得很好、不错，也有的学生说唱得不好。老师进一步要求再演唱一遍，找出自己演唱中的不足之处。

再次演唱完后，学生纷纷举手，有的说休止符的地方没唱好，有的说重音记号没唱出来，有的说衬词唱得不清晰……每当学生说到不足之处时老师就把这个地方让他给大家做示范，然后再让学生们一起把这个地方唱一唱。

老师进一步引导学生：唱歌时最重要的是要有什么？

学生异口同声地回答：感情。

师：那这首歌要怎样唱出感情来呢？

学生这时各抒己见，根据学生的回答老师进行总结：要将自己当作阿凡提，体现阿凡提的风度与气质。下面请同学们注意刚才自己提出的不足之处，有感情地演唱一遍。

(11) 歌曲伴奏。

根据课本上所出示的节奏和打击乐器，将学生分为四个小组，讨论方案，归纳试奏，通过集体讨论选择一至两个方案伴奏。

（12）歌词创作。

师：《我是少年阿凡提》这首歌曲中赞扬了阿凡提保护环境的行为，你能在"谁要……"这里创作出更多保护环境行为的歌词么？

生：谁要踩草坪、谁要乱丢垃圾、谁要乱吐痰……

在这里老师应放开让学生说，充分发挥学生的创造力。

（13）表演音乐小品。

根据歌曲中的歌词和结合歌曲创作分小组进行小品设计与排练，教师巡视。

分小组上台表演，评出优胜小组。

每个小组表演的都不相同，但是共同的一点是每个学生都参与进来了，学生们在意见不同时争论得很激烈，但是经过集体讨论都达成了统一。

【案例评述】

海伦·辛普森曾说过："通过音乐并在音乐中教育我们的孩子。"本课例中教师不断地提出问题让学生在听音乐、演唱歌曲时进行思考，然后回答问题。学生在学习中共同体验合作，在交流中相互学习。教师摆脱了单纯的说教，始终都以学生为主体，让学生积极地思考，学生始终都在积极主动地学习。

【资料链接】

1. 人民音乐出版社音乐教育编辑室主编：《义务教育九年一贯制音乐教科书第七册》，人民音乐出版社。

2. http://www.fx.edu.sh.cn

（深圳市南山区中英文学校　李娟娟）

咚 咚 喹

【设计理念】

《咚咚喹》是义务教育人民音乐出版社第九册中的一节欣赏课。我在本课活动设计时,除了传授音乐知识和技能外,更着眼于学生潜在能力的开发,激发学生的主动性和积极性,启迪学生的独立思考能力和创造性,并注意培养知识的互相联系的能力和身心协调能力。本课主要采用的教学方法是"主体教学法",鼓励学生积极参与教学活动,大胆思考和分析问题。

【活动目标】

1. 指导学生用欢快、活泼的情绪,轻巧的声音演唱歌曲,感受歌曲俭朴清新的音乐旋律,并初步了解土家族民间音乐的风格以及土家族的民俗民情。

2. 通过对《咚咚喹》这首合唱曲各音乐要素的分析,让学生了解民族音乐的发展是在民间音乐的基础上,利用现代音乐的理论和技法,对民间音乐进行提炼、加工和升华,使民间音乐成为高雅的艺术作品,并且使民族音乐得以发扬光大。

3. 根据《乃哟乃》这首歌曲旋律的特点,让学生对歌曲的歌词、旋律进行重新创作,发挥学生的想像力和创作能力。

【活动准备】

课前要求学生寻找有关土家族的资料,并准备一支笔和一张纸来进行歌曲创作。

【活动过程】

1. 学习歌曲《乃哟乃》

师:同学们好!今天,我们一起来学习一首歌曲,名字叫做《乃哟乃》。首先,请大家听一听,同时想想这首歌曲有什么特点。

学生完整聆听《乃哟乃》这首歌曲。

师:我们看看歌词有什么特点?(屏幕显示歌词。)

学生1:歌词经常重复。

学生2:歌词非常简单。

学生3:歌词里经常出现《乃哟乃》这样的词。

师:同学们都分析得很好,这首歌曲的歌词简单朴素,并用了大量的衬词。那我们再看看歌曲的旋律有什么特点呢?

老师出示歌谱,并带领学生唱一遍歌谱。

学生1：旋律中只有"do"、"mi"、"sol"三个音。

师：还有什么特点呢？下面，老师唱前面一句，同学们唱后一句。（师生对唱。）

学生2：每一句的结尾都是"5 3 1"。

师：刚才，我们从歌词和旋律两方面分析讨论了歌曲的特点。这首歌曲是一首土家族的民歌，上节课我布置大家寻找有关土家族的资料，请同学们把自己找到的资料拿出来，和大家一起分享。

师生交流有关土家族的资料。

师：老师这里也有一些有关土家族的照片，我们一起来看看。

屏幕显示照片，并介绍土家族。

师：土家族是一个能歌善舞的民族，他们的舞蹈很有特点，下面我们来学跳土家族的摆手舞。

师生学跳土家族的摆手舞。

师：我们再带着欢快的情绪边跳边唱一遍《乃哟乃》。

师生边跳边唱《乃哟乃》这首歌。

师：同学们刚才听了两遍这首歌曲，就能把这首歌曲完整地唱下来，非常好。是不是其他的歌曲你们听两遍也能唱出来呢？

学生：不是。

师：为什么这首歌曲就可以呢？

学生：因为它很简单。

师：为什么这首歌曲很简单呢？它和土家族生活的环境有什么联系呢？

师生讨论，分析问题。

师：正因为《乃哟乃》这首歌曲歌词旋律简单，但又不单调，歌曲俭朴、清新，极富民族风格，所以歌曲才能朗朗上口，易于流传。这首歌曲之所以简洁，也是受土家族所处的历史地理条件所限，歌曲的流传只能是口耳相传。

（设计思考：在歌曲《乃哟乃》的学习中，我并没有直接给学生介绍土家族的风土人情和土家族歌曲的特点，而是通过学生自己查找资料以及课堂中不断地引导学生分析讨论来找出答案。这样既提高了学生主动参与活动的意识，又培养了学生的独立思考能力。）

2. 分析比较《咚咚喹》与《乃哟乃》

比较合唱曲《咚咚喹》和歌曲《乃哟乃》的相同和不同点，初步了解民族音乐的基础与发展。

老师出示土家族的乐器《咚咚喹》。

师：这是一种土家族乐器，名叫《咚咚喹》。它是用竹制的一种吹管乐器，虽然它很短小，但音色却很独特。今天我们来欣赏一首合唱曲，这首曲子的名字也叫《咚咚喹》。我们听听这首《咚咚喹》和刚才我们学的《乃哟乃》有什么相同或不同的地方。

师生完整欣赏合唱曲《咚咚喹》，初步感受乐曲的整体效果。

师：我们一起来讨论一下《咚咚喹》和《乃哟乃》有什么相同或不同的地方。

学生1：两首曲子前面很像，后面不一样。

学生2：《咚咚喹》这首歌曲的起伏很大。

学生3：《咚咚喹》这首歌曲的中间有很多停顿。

师：下面，我们分组分别从"旋律"、"节奏"、"曲式结构"、"演唱形式"、"织体"几个音乐要素上分析比较两首歌曲。"

再次聆听两首歌曲，并分组进行比较。

第一组学生：两首歌曲的旋律有的地方相同，有的地方不同。第二首歌曲的旋律比第一首歌曲的旋律变化大一些。

第二组学生：第一首歌曲的节奏比较规整，第二首歌曲的节奏时快时慢。

第三组学生：第一首歌曲是单线条的，第二首歌曲好像有很多线条交织在一起。

第四组学生：第一首歌曲只有一个部分，第二首歌曲好像有很多部分。

第五组学生：第一首歌曲是独唱，第二首歌曲是合唱。

师：通过以上的分析，我们可以看出，《咚咚喹》是在土家族民歌《乃哟乃》基础上改编创作的合唱曲。

师：为什么作曲家要把这首民歌改编成一个合唱作品呢？

学生：作曲家觉得这首歌曲很单调。

师：民歌靠的是口耳相传，所以简单。但是今天你们听音乐是爸爸、妈妈唱给你们听吗？

学生1：我从电视里听音乐。

学生2：我喜欢听CD、VCD里的音乐。

师：随着现代社会文化的不断发展，人们接收信息的渠道不断丰富和扩大，音乐作品应当反映时代的特征。因此我们的民间音乐也需要进行提炼加工和升华。在2002年国际奥林匹克合唱节上，深圳中学合唱团演唱《咚咚喹》这首合唱作品获得了金奖，把我们的民族音乐推向了世界。既然创作是这么的重要，下面就请大家来创作歌曲。

（设计思考：指导学生分析比较《乃哟乃》和《咚咚喹》两首歌曲音乐要素的不同，从而了解民族音乐的发展是在民间音乐的基础上，利用现代音乐的理论和技法对民间音乐进行提炼、加工和升华，从而使民间音乐成为高雅的艺术作品。）

3．根据《乃哟乃》的旋律特点创编旋律

（1）讨论歌曲旋律的特点。

全曲只用了"do""mi""sol"三个音，每句的结尾都是相同的旋律"5　3 1"。

（2）老师先进行示范创作。

（3）老师唱自创旋律，学生唱后面的旋律"5　3 1"。

（4）学生进行创作，并相互交流。

师：这里有一位同学的作品，我们一起来看看。

用实物投影仪展示学生的作品。

师：这首曲子作得很好，但是有一些不足的地方，谁发现了？

学生1：结束时应该用双竖线。

学生2：第11小节的"5 1"下面要画一条线。

师：大家都改得很好，我们一起来唱一唱这首歌。

让全班同学共同演唱这首作品。

同学们自由为这首作品设计伴奏节奏和舞蹈动作，并边唱边跳。

4. 总结

师：我想让同学们就今天的课，每个人提一个问题。

学生1：这首歌曲是哪个少数民族的歌曲？

学生2：《乃哟乃》和《咚咚喹》有什么不同？

学生3：为什么土家族的民歌这么短小？

全班讨论、回答问题。

师：今天大家的表现都很踊跃。希望通过今天的学习，大家对土家族的音乐、文化都有一定的了解。同时，我们要知道民族音乐的基础是民间俭朴的音乐，但作曲家吸取了民间音乐的精华，并对它进行创作，使民间音乐得以升华，成为高雅的艺术，使我们民族的音乐得到发展。

（设计思考：根据《乃哟乃》这首歌曲旋律的特点，让学生对歌曲的旋律进行重新创作，发挥学生的想像力和创作能力。）

【案例评述】

《咚咚喹》是根据土家族民歌《乃哟乃》改编的合唱曲。《乃哟乃》是一首简短的土家族民歌，旋律只用了do、mi、sol三个音，而且每个乐句的句尾最后一小节都是以"5 3 1"结尾。为了让学生更好地理解这两首歌曲，本活动设计让学生通过不断的"发现问题→思考问题→探索问题"这种途径，从分析歌曲的特点到比较两首歌曲音乐要素的不同，再到歌曲的创作，全过程都让学生在探索中学习，充分调动了学生的积极性。教师起到的是引导作用，而不是主导作用。在本课的教学中，教师不仅让学生学习了课本上要求的内容，还对内容进行了提升，让学生初步了解了民族音乐发展的基础以及方法。

【资料链接】

1. 人民音乐出版社音乐教育编辑室主编：《音乐（简谱修订版）第九册》，人民音乐出版社，2002年版。

2. 周峰：《素质教育理论、操作、经验》，广东人民出版社。

3. 曹理主编：《普通学校音乐教育学》，上海教育出版社，1996年版。

（深圳市南山区南头城小学　吕　莎）

金孔雀轻轻跳

【设计理念】

充分运用现代化互联网手段的便利性，激发学生的学习兴趣，由学生自己去发掘并学习知识点，变被动学习为主动学习。鼓励学生自己做小老师，带动班级的学习气氛，形成良好的互助学习的氛围。

【活动目标】

通过对歌曲《金孔雀轻轻跳》的学习及傣族舞蹈《雀之灵》的欣赏，初步感受傣族艺术的风格，了解傣族的风土民情，培养学生的民族情感。

【活动准备】

1. 学生准备：借助学校秋游去野生动物园的契机，提醒学生观察动物的体态特征，并把自己喜欢的动物的特征记录下来。

2. 老师准备：葫芦丝、有关傣族风土人情的资料，包括风俗、服饰、音乐、舞蹈视频等方面。

【活动过程】

师：同学们，我们学校上个星期去了野生动物园，你们也看到了好多美丽又可爱的动物，下面就请你们和同学交流一下你观察到了哪些动物，都有哪些特征。

课堂的气氛一下子活跃了起来，学生们七嘴八舌地说开了。有些好动的学生更是竞相模仿那些动物的动作和表情，还有人提议说让这些学生来表演。在看过一些学生的"模仿秀"之后，平时不怎么爱说话的同学也纷纷打开话匣子评论了起来。

师：接下来，就让我们一起欣赏一段舞蹈，看看它是怎样将动物的神态、肢体语言与人类的艺术语言完美结合的。（播放杨丽萍表演的舞蹈《雀之灵》片段。）

学生欣赏完以后，纷纷发出了赞叹之声，并说出她的舞蹈模仿的是孔雀的优美姿态。

师：很多民族都有自己的图腾和喜爱的动物，大家知道孔雀是哪个民族的吉祥物吗？

生：傣族！

师：请同学们利用你面前的电脑，分组来查一查与傣族有关的资料和大家一起分享吧！

资料查阅结束以后，采用小老师的教学方式，学生讲授，学生来听，尽量发挥学生的主体性。

第一组：我们组查到了有关于傣族节日的内容。傣族的重要节日有"开门节"、"关门节"、"泼水节"等等。

当讲到泼水节时，好多学生在下面大叫："哇！这么好玩啊！"老师顺势打开课前准备好的有关"泼水节"的视频资料，班级里有个可爱的小女孩说："老师，傣族过节日好热闹啊，又唱歌又跳舞的。"由于学生的细心观察，本应是由老师引入的主题，却由学生带领而自然进入了。

师：是啊，这是个能歌善舞的民族，你们观察得可真仔细啊！哪一个小组的代表来讲一讲傣族的音乐呢？

第二组：我们组找到了一首《月光下的凤尾竹》，很好听，我们可以播出来让大家听听吗？

师：当然可以。

学生们听了这组同学的介绍，对这首乐曲产生了浓厚的兴趣，都准备一听究竟，所以这首乐曲的欣赏过程也出乎意料地安静。老师拿出课前准备好的葫芦丝，告诉大家这首乐曲就是用它来演奏的。

师：同学们，能说说听完以后的感受吗？

生1：这首乐曲很美。反正就是很好听，我不知道怎么形容。

师：你从哪些方面能感受到乐曲的优美呢？

生1：乐器声音很美，整首歌曲听起来让人觉得很舒服，所以我觉得这首乐曲很优美。

二年级的学生能从感性认识的角度说出自己对音乐的感受已经很好了，老师对他的回答给予肯定。

老师把学生所说的话用较精练的语言进行总结，并在黑板上写出两道填空题："音色（），旋律（）。"

学生们把自己知道的美好的词汇都用上了，整个班级都沸腾了起来。大家对傣族的乐曲都有了简单的认识，多多少少产生了对傣族音乐的向往喜爱之情。

师：你们想不想学一首具有傣族风格的歌曲啊？

生：（异口同声地）想。

在学生对傣族音乐产生了兴趣以后，歌曲《金孔雀轻轻跳》的学习变得非常顺利，不到5分钟的时间，绝大部分学生已经能够熟练演唱了。

第三组的学生查阅的是傣族的服饰，他们的代表走上台以后，比比划划地讲了很久，大家还是没有明白傣族的服饰到底是什么样子。老师拿起讲台边的一张报纸，让学生自己围成简单的筒裙，直观地展示他们的"成果"。

第四组：我们组的代表要展示的是傣族的舞蹈，刚才我们还在想，为什么傣族女孩子跳舞的时候两条腿都并得紧紧的呢？原来是因为她们穿的是筒裙啊！

听完这话，班级又热闹起来，学生们都迫不及待地想欣赏第四组同学的表演。第四组派出了班里有名的"小舞蹈家"，她展示开了最拿手的项目"孔雀舞"，大家跟着学起来，有的学冠形手，有的学孔雀开屏。老师也在一旁指导，一时间教室里仿佛成了孔雀的乐园。

最后学生边唱着《金孔雀轻轻跳》，边跳着"孔雀舞"，愉快地结束了这节课。

【案例评述】

　　本活动设计运用了现代化互联网手段,并由学生做老师,实现了学生主动学习的目的,跳出了以往老师设定"陷阱",学生"往里跳"的模式,由学生掌控学习方向,并且直观而真实地展示了傣族的风情和艺术特色,极大地提高了学生学习的积极性,学生变"我该学"为"我要学",体现了学生作为学习主体的积极参与性。

(深圳市南山区白芒小学　刘　佳)

我到网上去采风

【设计理念】

本活动设计所面对的对象团队精神较好,班级气氛活跃,但音乐、舞蹈等方面的艺术素质整体不高,因而在艺术方面的表现欲不强。由于学校长期开展信息技术教育,学生对网络技术的掌握较熟练。考虑到学生实际以及新课改精神,本活动设计采取小组合作方式,运用信息技术手段,将信息技术与音乐课程相整合,组织学生开展教学活动,以引起学生对民族音乐、舞蹈艺术的浓厚兴趣,并通过边模仿边学习以及学生相互评价的手段,让学生对我国的民族音乐、舞蹈有初步的了解。

【活动目标】

1. 通过组织学生网上搜索蒙古族、傣族、维吾尔族三个民族的资料,让学生初步了解各民族的特点,并感知艺术与生活的关系。

2. 通过让学生模仿、参与艺术活动,激发学生热爱民族、民间艺术的情感。

【活动准备】

电脑制作的课件(包括蒙古族、傣族、维吾尔族三个民族有特色的舞蹈片段、歌曲图片资料及动漫资料)、相关信息技术软件、打击乐器。

【活动过程】

1. 创设情境

全班同学跳着竹竿舞进入了教室(目的:复习学生前两节课的学习内容;黎族竹竿舞),老师引导学生观看蒙古族、维吾尔族、傣族三个民族的舞蹈片段,组织学生展开讨论:三个民族有哪些不同的艺术风格特点?

2. 导入新课:"我到网上去采风"

(1) 查找蒙古族、维吾尔族、傣族三个民族的艺术资料。学生打开电脑,查找相关资料。教师引导学生比较查找的资料。根据查找的资料,选出一位在班上较有号召力的同学当此次活动的主持人。

(2) 主持人用幽默的语调分别请三组同学介绍下载的资料。

①蒙古组展示下载的资料,并进行讲解:本组一位同学引导同学们观看蒙古族的服饰、跑马、摔跤的图片。本组另外几位同学即兴为大家表演蒙古族摔跤。同学们兴奋不已。然后,教师打开大屏幕,一片辽阔的草原景象展现在眼前。同时播放一首蒙古民间歌曲《牧歌》,让学生用听唱法学唱歌曲,引导他们发挥自己的想像来演唱,边唱边体会歌曲所带来的感受。

教师提问：这首歌曲如此悠扬、辽阔，与什么有关？

学生讨论、回答并总结：与蒙古族居住的特定环境有密切关系。

②傣族组展示下载的资料，并进行讲解：该组学生介绍傣族引以为豪的孔雀及孔雀舞，在介绍的同时本组其他学生播放泼水节欢天喜地的场面录像，其他同学被这种场面深深感染，情不自禁地学起了孔雀的样子，部分同学还得意地跳了起来。这时候，教师因势利导，引导学生进行讨论：傣族舞蹈的特点，与蒙古族舞蹈的区别等等。

③维吾尔族组展示下载的资料，并进行讲解：该组的一位同学先介绍新疆风俗风情，展示他们的民族乐器——热瓦普、弹布尔。全组其他同学为大家演唱歌曲《青春舞曲》，几位同学当场跳起了自编自导的新疆舞。这时，主持人激动地建议大家一起跳新疆舞，自己先扭了起来。几位同学主动到后排邀请听课的老师参加表演。主持人在关键时候的号召，把平时文静又害羞的同学也带动起来了。

接着，教师拿出准备好的铃鼓等打击乐器，让学生和自己一起开展活动，课堂上传出了阵阵欢笑。

最后，教师引导学生思考新疆舞与新疆人的性格特点的关系。

3. **课堂小结**

主持人引导大家对此次活动的情况展开评价：哪个小组做得最好？刚才的活动好在哪里？有哪些需要改进？

最后，趁同学们余兴未了，教师介绍一首地道的广东民歌《卖懒》，即在年三十晚前，把"懒"都卖掉，明年就变得勤快起来了。因为是粤语歌曲，擅长白话的同学们朗朗上口，马上学会了。看着有趣的动漫作品，同学们乐在其中。课堂就在这样欢乐的气氛中结束了。

【案例评述】

作为一节别开生面的音乐实验课，把音乐课"搬进"网络室的主要目标是通过加强信息技术与课程的整合实践，极大地丰富教学资源，让学生更多地占有教学资源，调动学生的学习积极性，让学生成为课堂的主人，发挥学生的主体作用。因此，这就不仅是一种大胆的教学尝试，而且是一种有效的教学创新。

作为小组合作学习方式的一种尝试，在课堂教学中，组织学生分组查找资料，分组进行展示，让展示资料的同学扮演"双簧"的角色：一个在台下操作电脑，一个在台上讲解，不但增强了学生的团队精神和合作能力，而且能吸引其他同学的注意力，也摆脱了以教师为中心的传统教学模式。在这样的教学活动中，学生不仅成了课堂的主人，主动性得到有效的发挥，而且他们会给教师带来更多的意外惊喜，因此不仅达到了课堂预期的教学目标，而且也有利于新的生成目标的形成。

在活动设计中，为了体现艺术课程的性质，扩大课堂的内涵、容量，我主要做了如下尝试：(1) 充分体现课程的人文性和综合性，挖掘民族、民间文化的美感特征。(2) 充分调动学生的创造性。如：蒙古组即兴表演摔跤，新疆组即兴表演舞蹈，让学生主动地学、生动地学、快乐地学。(3) 充分满足学生对审美的需求，让音乐贯穿始终是这节音乐课的特点，从而使课堂更加和谐，让学生感到轻松、愉悦。(4) 在追求预期的目标的同时，鼓励学生大胆创新，注意生成目标的达成。如傣族组同学不仅找到现场泼水节的录像，还找到杨丽萍表演的一段精彩的傣族舞蹈——孔雀舞（只是时间不允许，后者在下节课播放),这使同学们对我国民族、民间文化艺术有了更深层的认识和体会。(5)充分考虑学生艺术素质整体不是很高的特点,让学生在模仿中学习舞蹈、音乐,激发学生对艺术的爱好和兴趣。(6)充分发挥评价促进学生发展的作用,让学生通过互评、自评,培养对美的鉴赏力。同时,对教师的工作也是一种触动和挑战,有利于激励教师在工作中不断学习,完善自我。(7)兼顾本地学生的实际,使学生对艺术产生兴趣,通过播放学生喜闻乐见的动漫作品和广东民间儿歌《卖懒》,使学生学后印象深刻,有所触动。

(深圳市南山区蛇口学校　陈丽琼)

每当我走过老师窗前

【设计理念】

把课堂变成擂台,激发学生参加擂台的热情,让学生知道自己的一举一动都会有损团队的荣誉,从而在课堂常规、知识获取等方面严格要求自己,积极主动地去发现、探究、感受、理解并创造音乐,竞相以优异的表现捍卫自己的擂台,进而实现教学活动目标。

【活动目标】

1. 通过观看、讨论花的图片,聆听歌曲《我爱米兰》,懂得老师虽然很普通,却应受人尊敬。通过演唱、演奏、讨论歌曲《每当我走过老师窗前》,理解老师劳动的艰辛,从而激发学生对老师的尊敬和爱戴之情。

2. 进一步熟悉口琴的演奏技巧,通过口琴演奏,掌握并比较常用单纯音符、休止符的时值,为学习音乐基本知识打下较扎实的基础。

【活动准备】

1. 找、听、了解有关老师的歌曲。

2. 试奏歌曲《每当我走过老师窗前》。

【活动过程】

师:同学们好。

生:你好,你好,老师你好。

师:首先让我们进入音乐擂台,看哪一组可先加 100 分。

生:(相互督促坐好)……坐好啊……

师:说话那一组是肯定没有分加的……第二组不错,加 100 分,第三、第四组也不错,看来都得加 100 分了。

师:目前是每组都加了 100 分,等一下看谁表现好,表现好的红旗就会上升,下课之前我们看谁的红旗升得最高。

师:首先,我要请同学们欣赏一些花的图片,欣赏完以后回答:你最喜欢哪一种花,最不喜欢哪一种花,为什么。(播放幻灯片,出现背景音乐歌曲伴奏。)

生:聚精会神地听。

师:刚才我们看了 15 幅花的图片,现在请同学们想一想你最喜欢哪一种花,最不喜欢哪一种花?为什么?

生1:我喜欢菊花,因为菊花可做成菊花茶。我最不喜欢米兰,因为……忘记了。

生2：我最喜欢玫瑰花，因为玫瑰花很漂亮，它的颜色是红色的，花瓣也长得很鲜艳，我最不喜欢迎春花(有同学窃窃私语，有点不理解了)……嗯……反正我觉得难看！

生3：我最喜欢水仙花，因为它代表纯洁，我最不喜欢米兰，因为它没有花。

生4：我最喜欢荷花，因为荷花很少见，只有夏天才看得到。我最不喜欢米兰，米兰只有一点点米，都没有花。

师：刚才我听同学们说了，大部分都不喜欢米兰，因为米兰的花很小，只有一点点，像米一样，看也看不清。

师：我这里有一位小朋友，她也选了一种最喜欢的花，是什么花呢？先请同学们看一段录像。(播放录像。)

生：有几个同学情不自禁地跟着唱起来，其他同学认真地欣赏。

师：刚才我们欣赏了这首《我爱米兰》，也看了许多鲜艳漂亮的花，而这位小朋友为什么就喜欢米兰呢？

生1：因为他爱老师像爱米兰一样。

生2：因为老师总是默默帮助他，像米兰的花藏在绿叶中，所以他爱老师也爱米兰。

生3：因为米兰很像老师。

师：好，现在我们翻开书第44页，根据歌词内容再回答一次。

生：认真地看着，轻轻地读着歌词。

师：谁能用一句最贴切的话把为什么我爱米兰表达出来？

生1：因为老师有一盆米兰，他喜欢老师就喜欢米兰。

生2：米兰会散发出芳香。

生3：米兰朴素又明朗。

生4：米兰不是为了争春才开花的。

生5：老师总是默默地帮助着他，米兰也默默地把芳香洒满人心田。

师：从刚才同学们的回答当中我知道了，米兰虽然不漂亮，可它却默默地把芳香洒满人心田。这一点像老师一样：她虽然很普通，地位不高，也不是很有钱，可她却心甘情愿地默默地为了她的学生，为了祖国的未来奉献着她的青春，所以这位小朋友爱米兰。

师：这位小朋友不仅爱米兰，爱老师，他还写了一首诗给老师，你们想听听吗？

生：想(大声地)！

老师请三位同学上来朗读歌曲《每当我走过老师窗前》的歌词。

朗读同学分段有表情地朗读歌词，其余同学听完后热情地鼓起掌来。

师：刚才我们班的几位同学把这首诗读给了同学们听，同时这位同学还把诗歌唱出来了，你们想不想听啊？

生：想！

师：有一个要求，听的时候要选一句你认为最难唱的歌并把它唱出来，如果谁能把它唱出来，我们就给他加100分。(播放范唱歌曲。)

生：轻轻地跟着哼唱。

师：好，同学们听了以后觉得哪一句最难唱？

生1：今天深夜，灯光仍在亮。

生2：啊，每当想起你，敬爱的好老师，一阵阵暖流心中激荡。

师：好，我们再听一遍，要求把最难唱的不仅读出来，还要唱出来。听之前，我们把刚才两位同学提的那两句唱一下。（老师弹琴。）

生：听琴唱词。

师：注意"爱的"两个字要连在一起。（放第2遍歌曲范唱。）

生：轻轻地跟唱

师：（暂停音乐）注意"敬爱的好老师"这句的"爱的"要快一点点，我们唱一下这一句并来一次比赛。

生(3、4组)：敬爱的好老师——

生(1、2组)：敬爱的好老师——

合：敬爱的好老师——

师：这首歌曲写了敬爱的好老师，在演唱时我们应坚定有力地唱还是优美抒情地唱？

生：优美抒情地。

师：下面我们就优美抒情地把这首歌轻轻地唱一次，看谁最有表情。

生：跟伴奏轻唱歌曲。

师：同学们唱得很好，接着我们按书上的要求来把歌曲再完整地、优美、抒情地唱一次。

生：翻开书。

师：请同学们看着书，书上有两种符号，绿点处是由领唱的同学唱的，红点处是由同学们一齐唱的，下面谁能上来领唱？（示意同学举手。）

生：纷纷举手。

同学们按要求有表情地把歌曲按书上要求演唱了一次。

师：咱们班的同学真棒！把歌曲听唱了几遍就会了。这个学期我们学校开设了教本课程——口琴课，咱们班的同学在这方面表现得非常突出，一般的歌曲都能吹奏了，那你们还敢不敢用口琴来表演一下这首歌曲呢？

生：敢（大声整齐地）！

师：为了能让同学们吹奏得更好，首先请你们看一下口琴演奏示意图。

生：静静地看着大屏幕，偶尔有学生情不自禁地吹吹口琴。

师：为了让同学们取得更好的成绩，我们再来复习一下基本练习曲。

师生互动完成口琴基本练习曲。

师：同学们吹得很好，下面给同学们几分钟时间练习口琴，然后我们进行比赛。

生：认真地吹奏口琴。

教师巡视指导，与部分同学讨论如何吹奏口琴。

师：（击掌三下，学生停奏口琴。）这首歌曲有7句，每句100分，共700分，请其余同学用手势打分，现在我们正式比赛。首先请第一组派代表上场参加比赛。

师：请同学们亮分。

学生都用手势打分。

师：500、500、700……取中间值600分（给相应组加分）。

本组同学打出了手势,露出喜悦的笑容。

4个组的代表分别上台比赛,其余同学用手势打分,热情高涨,特别是第一位同学上台表演比赛时,同学们又情不自禁地和着琴声伴奏。

师:刚才同学们的竞争非常激烈,下面还有最后一次机会,全班同学一起吹奏,我看哪组吹奏得最认真,最有表情,并且吹得最好,表现最好的加500分,不好的加100分。

教师弹"前奏",全体学生齐奏口琴,教师给各组加分,小结各组总分。

师:刚才同学们唱歌时唱出了对老师的热爱,对老师的感激,现在吹奏口琴又吹得很好,看来你们对写老师的歌是很有感情的,不过我希望同学们在日常生活和学习生活中做得更好,用实际行动来表达对老师的爱,也希望同学们采访自己的老师,并为他们表演小品,以表示我们的一片热情,同学们做得到吗?

生:做得到!

师:好,这节能课我们就上到这里,下课!

【案例评述】

本活动设计以本校"激励成功,自主发展"模式为指针,充分利用电脑多媒体特制了课堂实时加分专栏——OK音乐擂台,这在课件的运行中能一直显示各组的分值变化情况,而不影响整个课件的运行,创设了对上课极为有利的情境,把学生的课堂学习变成了"音乐擂台",学生的学习积极性显著提高。另外还制作了口琴实时演奏示意平台,把看不见的移动琴格吹奏生动形象地展现在学生面前,提高了学生学习的兴趣。用静中有动的"手势"为参赛同学打分,拓展了学生的参与面,增强了学生的主人翁意识,体现了学生的主体地位,让学生觉得:自己就是音乐擂台的主人。

(深圳市南山区前海小学　郭跃清)

你、我、他

【设计理念】

　　使学生在一个完整、真实的问题背景中产生学习的兴趣,凭借学生的主动学习,使学生了解自我,关心他人;体验合作的乐趣与友爱精神;学会与人交流,学会倾听别人的意见,表达自己的想法;养成同情心和乐于助人的习惯;养成对听到、看到、感到的事物进行思考的习惯。

【活动目标】

　　1. 了解自我,关心他人;与人交流,乐于助人。

　　2. 在活动交流中体验合作的乐趣。

　　3. 引导学生学会在游戏中学习。

【活动准备】

　　打击乐中的双响筒、彩色的纸(制成树叶或果实)、一棵画好的大树(要有主干和支干)。

【活动过程】

　　师:同学们,当你们来到一个陌生的环境的时候,你会很快地适应吗?我们又该怎么样去适应呢?今天老师想让你们来教教我。

　　刚上小学一年级的孩子立刻被吸引住了,在幼儿园的时候都是老师教我们,今天我也可以教老师了。一时间感觉自己长大了,很自豪。他们就会七嘴八舌地说出自己的见解、想法:"我会问他的名字;我会跟他一起玩;我会跟他一起……"

　　这时老师不打断他们的说话,但是要引导他们举手发言,并奖励举手发言的孩子。

　　生1:那天我刚到学校就碰见了邱丽丹。开始我不认识她,现在我们已是好朋友了。

　　师:那你们是怎么成为好朋友的呢?

　　生1:我想跟她一起玩,然后我问她的名字,她就告诉我了。

　　生2:我还知道她的小名叫"毛毛"呢。

　　师:好。同学们,老师今天想认识你们中的一部分同学,同时你们也可以互相认识。你的名字叫什么?

　　唱:你的名字叫什么?你的名字叫什么?(边唱边敲打双响筒。)

　　学生:我叫　李小　东,小名　叫东　东。

　　师:好的。我们很高兴认识你,请将你的名字写在彩纸上,然后贴在树上。那么我们俩做个好朋友好吗?

唱：(《金钩钩,银钩钩》)金钩钩,银钩钩,小小指头钩一钩。金钩钩,银钩钩,我们都是好朋友。

唱歌的同时与学生拉钩钩,学生既惊奇又高兴,不知不觉就跟着老师一起唱。与多个同学拉钩钩后,歌声中学生愉快地学会了这首短小的歌曲。

这时黑板上的那棵大树上已挂满果实,很富生气。

师：同学们,其实这棵大树就像我们新的集体。每一位孩子就像大树的叶子和果实,因为有了"我"、"你"、"他",大树就会更美丽。

唱《你、我、他》,同时配合肢体语言。

师：这歌曲讲的是什么？讲我？你？他？

生1：讲的是我们大家。

生2：讲互相帮助。

生3：讲我们是好朋友。

师：都对。还有什么不同的意见或补充吗？

生1：老师,我认为做好朋友还要不自私,这是我奶奶说的。

生2：我认为"小胖"说得对,那天我向小亮借彩笔,他不借,太自私了。我再借,他还是不肯,然后我就拿,他就打我了。

师：哦,首先打人是不对的,不经别人同意就拿别人的东西也是不对的。那你们是好朋友吗？

生2：我与他做朋友他不跟我好。

生3：我妈妈说彩笔不要借给别人。

生4：我觉得他做得对,因为他妈妈叫他不借彩笔的。

生5：那他妈妈就自私咯。

师：那你认为小亮对了吗？

孩子们一个个看着老师,老师笑着说：小亮听妈妈的话是对的,但他没想想妈妈的话对不对。人是要互相尊重,互相谅解的。同时朋友有困难时要用心去帮助他。

孩子们脸上露出舒展的笑容。

【案例评述】

本活动设计完全将学生置于音乐中,利用肢体语言和简单的游戏让孩子们认识到自己是新集体的一分子,交往中要尊重他人。课堂语言组织和活动体现了对人文精神的尊重,符合学生身心发展的需要,让孩子们知道与人友好相处是很重要的。

(深圳市南山区学府小学　刘南宋)

妈妈的爱

【设计理念】
　　新课程中的艺术教材所倡导的人文思想是十分重要的,过去的教学没有给学生充分发挥的机会,现在每堂课倡导的都是突出人文思想,调动情感,发挥学生潜能。本课以人文为主线,力求在歌曲的欣赏、歌曲的学习、戏剧和生活的体验中促进学生的情感不断升华,达到塑造人的目的。

【活动目标】
　　1. 指导学生用不同情绪、声音演唱歌曲,感受不同歌曲的旋律。
　　2. 通过现场模拟回家给妈妈唱《好妈妈》这首歌曲及送礼物这一过程,运用不同艺术手段使学生实践参与,体验爱的情感。

【活动准备】
　　玩具娃娃、电脑课件。

【活动过程】
　　师:请同学们欣赏一首摇篮曲《小宝宝睡着了》。(完整聆听《小宝宝睡着了》这首歌曲。)
　　师:你们说说,摇篮曲和其他歌曲有什么不同?
　　生:摇篮曲慢,温柔一些。
　　师:问大家一个问题,谁家有洋娃娃的,请举手。谁晚上抱着洋娃娃睡觉的,请举手。
　　师:我们这里没有洋娃娃,就请同学们抱着文具盒,像抱洋娃娃一样,边哄洋娃娃睡觉边唱《小宝宝睡着了》。(学生们在歌曲中边唱边抱着文具盒摇来摇去,陶醉在哄洋娃娃睡觉的意境中。)
　　师:刚才同学们做得很好,那我们小时候是谁抱着我们睡觉的?
　　生:是妈妈。
　　师:那你们爱不爱自己的妈妈?
　　生:爱。
　　师:有一只小乌鸦也非常爱自己的妈妈,你们听一下。(播放歌曲《小乌鸦爱妈妈》,让学生听唱一遍。)
　　师:小乌鸦为什么不出去玩?它急急忙忙跑回去干什么?

生：因为它妈妈年纪大了，飞不动了，小乌鸦飞回去给它妈妈喂虫子吃。

师：看来小乌鸦真的爱它的妈妈，因为它真的给它妈妈做了一件事。我们想不想给自己的妈妈做一件事？

生：想。

师：还有一首歌也是唱妈妈的，你们听一下。（播放《好妈妈》歌曲，学生开始跟着唱了起来。）

师：这一遍请同学们边做动作边跟着唱。（再播放《好妈妈》歌曲，分组请学生自己讨论，一个演妈妈，一个演小朋友，设计表演唱的内容，并分别上来表演唱《好妈妈》。）

师：好，我们学了《好妈妈》的歌曲，回家以后唱给妈妈听，那你们怎么给妈妈说？

学生纷纷回答，各不相同，总结下来大约是：妈妈，你辛苦了，我要送你一件礼物。

师：那我们现场模拟表演一下，谁来演？

学生纷纷举手。

师：我觉得刚才你们演小朋友演得很好，可是演妈妈演得不好，因为你们太小了，演妈妈演得不像，那怎么办？

学生纷纷举手，有的说，你来演。

师：我演爸爸还行，演妈妈也演不好。

生：那请后面听课的老师演。（学生请了一位熟悉的老师参与演出，现场模拟回家后的片段，课堂气氛十分热烈。）

师：给大家欣赏一首歌曲《摇篮曲》，不过我要求在欣赏这首歌曲时大家起立，抱起你们的小书包。

学生们抱着书包听完了一首歌，各个歪歪扭扭地不停地托扶着书包。等到坐下时，都如释重负的样子。

师：同学们刚才听歌的时候是不是很辛苦？

生纷纷点头。

师：你们知道吗？你们小时候就是妈妈抱着你们长大的，那她是不是更辛苦啊？

生：是。

师：刚才我们给妈妈表演了节目，唱了歌，你们还能不能送一份礼物给妈妈？我希望这份礼物不是用钱买来的，你们想想办法。

生有的说画一幅画，有的说折纸送妈妈。

师：我现在做一个记者，我要采访一下小朋友。我采访一下这位小朋友，请问你此时最想给妈妈说的一句话是什么？

生1：妈妈您辛苦了。

生2：妈妈我爱你。

生3：妈妈你给我衣服，还送我上学。

师：你们开始画画，把你们最想说的一句话也写上去。（在歌曲声中，学生开始作画。）

【案例评述】

《好妈妈》是一首叙事性歌曲，旋律朴素、自然。音乐结构是一段体，它分四个乐句，前两乐句四小节，后两句"把妈妈，妈妈快坐下"和"让我亲亲你吧"加以重复，渲染氛围，突出表现了孩子与妈妈间的亲情与孩子对妈妈的爱。我在这一课的设计里,把《小乌鸦爱妈妈》放到了学习歌曲前,通过小动物关心爱护妈妈的举动引起学生的喜爱与共鸣,并通过体验抱书包的过程,体会妈妈的艰辛,这使得学生在演唱《好妈妈》的歌曲时感情和情绪达到了高潮。

【资料链接】

1. 杨立梅主编:《艺术义务教育课程标准实验教科书一年级下册》第三课《妈妈的爱》,教育科学出版社,2002年版。

2. 《音乐课程标准》,北京师范大学出版社,2001年版。

3. 《艺术》教师备课系统 CD-ROM 一年级下册,中央教育科学研究所音像出版社。

(深圳市南山区南头城小学　张　纲)

小乌鸦爱妈妈(一)

【设计理念】

把"突出审美,深化歌曲主题,合理地运用多媒体教学课件引导学生感知——体验——联想——认知——理解——创造"贯穿在教学的始终,力求在教学中体现崭新的教育教学思想,降低学生学习难度,培养崇高的审美情趣。注重培养学生的实践能力和创新精神,在教学中体现以"学生为主体,教学为主导"的思想。力求在每个环节中突出音乐课的趣味性、生动性,让学生在宽松的氛围中轻松地学习音乐,接受音乐,创造性地表现音乐。

【活动目标】

1. 让学生感觉"这是一节有趣、开心的音乐课"。
2. 以有趣好玩的节奏律动培养学生的节奏感与协调能力。
3. 以开动脑筋的看图说话让学生的思维更敏捷、更富有想像力。
4. 让学生学会区分各种小乐器。
5. 让学生深刻体会到"妈妈爱我,我更爱妈妈"。

【活动准备】

钢琴、幻灯片、录音机、图片、深刻体会到、打击乐器。

【活动过程】

1. 音乐岛游览

师生在音乐声中走进教室,问好后进入下面的环节。

(1)第一站"奇妙屋"

律动。(Flash 动画《洋娃娃和小熊跳舞》。)

师:老师给大家介绍两个新的小伙伴。看,这是洋娃娃,这是小熊。洋娃娃和小熊在跳舞呢。我们也跟着他们一起跳一跳。

(2)第二站"丁东谷"

看图编故事(flash 动画)。

师:"滴滴",到站了,大家请坐,这是我们的第二站。看这里有一个关于乌鸦一家的故事。请小朋友们开动你们的小脑袋瓜想一想,给每幅图编一句话。(学生自由回答)。小朋友们都很棒,想法全都十分特别。好的,我们继续走吧,看看下一站是什么地方。

(3)第三站"音乐塔"

师："滴滴"又到站了,这一站是我们的森林学校,请同学们欣赏一首歌,歌名叫《小乌鸦爱妈妈》。我们来听听。看看歌词,跟着拍一拍节奏。

学习歌曲。老师要求大家学会这首歌,然后把这首歌唱给乌鸦妈妈听听。先看看歌词,一句一句学习,边读边律动。再带领大家一起来连读一遍,边读边律动。

师：我们来听听这首歌,轻声哼唱。同学们真聪明啊,我发现有同学都已经会唱了。

请几位同学表现一下。再跟老师用一问一答的形式来学一学。用乌鸦妈妈的声音唱一遍,再用乌鸦宝宝的声音唱一唱。跟伴奏唱一唱。边唱边做动作。

师：同学们唱得真好,走,我们到乐器剧场去,把这首歌唱给乌鸦妈妈和音乐王国的其他小伙伴听。

（4）第四站"乐器剧场"

师："滴滴"到站了,现在我们到了"乐器剧场",我们准备演出了,抓紧时间我们再把这首歌美化一下吧！我们平时都会用一些简单的打击乐器来伴奏。我们可以用三角铁、碰铃、沙锤、双响筒。先看看效果吧,我先叫一名同学上台表演打击乐器,其余同学唱歌。老师希望每个同学都动起来。我们还可以用一些自己身边的东西来做乐器,找找看,我们身边哪些东西可以发出声音来？我建议大家用纸来试一试,看看一张纸可以发出什么样的声音来伴奏。呀！乌鸦妈妈来了,我们把这首歌表演给她听。大家准备好了没有？

学生面对观众表演唱。

师：乌鸦妈妈高兴地笑了,她说："谢谢大家,我真是太感动了！谢谢！"老师也谢谢大家把这首歌曲唱得这么好。好了,同学们,我们该走了,和乌鸦妈妈再见吧。出发了,我们回家咯。

2. 小结,师生再见

师："滴滴"到家了,这趟旅行收获真不少啊！我们看望了乌鸦妈妈,还学了《小乌鸦爱妈妈》,大家的表现真棒啊。我们为自己鼓鼓掌。通过这首歌,我们知道了乌鸦妈妈辛不辛苦啊？小乌鸦知道妈妈那么辛苦后它做了些什么？用歌声来回答老师！那我们的妈妈辛不辛苦？我们又能为我们的妈妈做些什么呢？我们应该做一些自己力所能及的事情。最起码自己的事情一定自己来做,自己的衣服自己穿,自己的鞋袜自己,自己的被子自己叠,自己的头发自己梳。就像去年我们学习的一首歌叫什么？《不再麻烦好妈妈》。

【案例评述】

在本设计中我致力于创设一种愉悦和谐的教学氛围,伴随动听的歌唱妈妈的音乐,更快地激发学生的内心情感,使他们融入本堂音乐课的主题。并利用肢体的动作感受音乐的节奏、强弱,激发学生的想像力和养成仔细聆听音乐的习惯。我还将音乐与实际生活相综合,并为学唱歌曲创设情境。留给学生自主体验的学习空间,使他们积极主动地参与学习活动,体验与他人合作的愉悦。强化老师参与者和合作者的身份,师生共同尝试、体验,融洽师生关系。启发和调动学生继续学习的欲望,提高学生探究学习的能力,也使得本堂有限的课堂教学得到了无限的延伸。

（深圳市南山区前海小学　方未艾）

小乌鸦爱妈妈(二)

【设计理念】

本教学活动的设计理念是改变传统的一节课只学一首歌曲的音乐课形式,拓宽教学容量,设计一条情感主线贯穿整节课,围绕这条主线展开各类活动。我以"母爱"这一情感主线贯穿教学,通过学习歌曲以及进行小组活动来了解、表现"母爱"这一主题,使学生产生强烈的情感共鸣。同时,利用分小组讨论、排练和表演,培养孩子们的合作和创新能力。在潜移默化中建立起对亲人、对朋友、对人类、对美好事物的挚爱之情,使学生的情感世界受到感染和熏陶。

【活动目标】

1.通过歌唱、看图片、听音乐来感受母子之间的亲情。教育学生爱自己的妈妈,报答自己的妈妈,用歌声来表达对亲人的挚爱。

2.利用分小组讨论、排练和表演,培养孩子们的合作和创新能力,用自己的歌声与表演来表现乌鸦母子之间的感情。

【活动准备】

1.老师准备好生动的卡通图片。

2.把全班分为若干活动小组,便于学生讨论和活动。

【活动过程】

师:小朋友们,我们每个人都有自己的妈妈,我们的妈妈疼我们,爱我们,愿意为我们做任何事。和我们人类一样,小动物们也和它们的妈妈有着深厚的感情,也会孝顺自己的妈妈。不信的话,我们就来听听这首《小乌鸦爱妈妈》。

这首歌曲的歌词简单易懂,旋律朗朗上口,立刻就把学生们吸引住了。

师:妈妈老了,不能飞了,小乌鸦是怎样对待它的妈妈的?它是一只什么样的小乌鸦啊?

生:小乌鸦捉来虫子喂妈妈,它是一只孝顺的小乌鸦,它是一只善良的小乌鸦。它是……

这时,一只善良可爱的小乌鸦的形象,已经在孩子们的脑海里浮现了。

接下来老师出示歌谱,让学生用听唱法学习歌曲,跟音乐轻声哼唱两遍歌曲,以便熟悉曲调和歌词。

在学生对歌曲有了一定的印象后,老师用钢琴伴奏带学生演唱,以多种演唱形式来学习歌曲,如齐唱、轮唱、分角色演唱,学生很快就学会并背会了这首歌曲。

特别是在分角色演唱时，老师先启发学生想像一下乌鸦妈妈的心情和小乌鸦的心情，老师和孩子们一起讨论该用什么样的声音和动作来表现。

孩子们回答乌鸦妈妈老了，不能飞了，它一定很难过，而小乌鸦能孝敬妈妈，它会感到自豪、快乐。之后，老师启发学生用歌声和动作来表现乌鸦妈妈难过无奈的心情和小乌鸦愉快的心情，将音乐形象化、角色化。

在歌曲唱熟的基础上，老师用固定的节奏为歌曲伴奏。

师：同学们唱得真好，老师也想加入你们了！下面由你们来唱，我来为你们伴奏，看看我是怎样伴奏的，一会儿就由你们自己来伴奏啦！

当学生唱时，老师用 | X　X　X | 节奏拍手为歌曲伴奏，第二遍让学生模仿一次。

在夸奖了他们一番之后，老师又提出问题：同学们学得真快，老师刚才是用节奏为歌曲伴奏的，请小朋友们动动脑筋，能不能用其他声音按这个节奏为歌曲伴奏呢？（目的：培养学生的创编能力，探索一下其他的音响，让他们自己当一回"小老师"。）

学生一听说自己当小老师，可来劲了，想出了很多方法，用"跺脚"、"拍肩"、"拍腿"、"弹舌"等等所发出的声音为歌曲伴奏。老师立刻请几个学生上来当"小老师"，带全班同学边唱边做。

把学生分成四个表演小组，让学生们自己讨论、排练，商量出一种形式来表现大树上的鸟窝、小乌鸦和它的妈妈。还要比比哪个小组最有创意，表演得最好。

老师一声令下，孩子们立刻离开座位，和小组成员们到指定的区域去排练：谁当小乌鸦？谁又当乌鸦妈妈？鸟窝怎样设计？……忙得不亦乐乎。

几分钟后，排练进行得差不多了，老师放歌曲的伴奏音乐，学生在歌声中自由地在教室里表演小乌鸦喂妈妈的情景。这是他们最喜欢的一个活动，这个活动也培养了孩子们的合作能力和团结精神，老师在进行了简单评价之后，不忘好好地把他们夸奖一番，孩子们都显得很兴奋。

在学习另一首《小乌鸦爱妈妈》时，用节奏将两首《小乌鸦爱妈妈》连接起来。

师：我们用 | X　X　X | 节奏来为歌曲伴奏，现在我们分别打一下这三条节奏：

| X　X　X　X |
| 　X　　X　　 |
| X　—　| X　— |

当学生掌握了这三条节奏，老师要求他们试着连起来打，并用其他声音来表现这个节奏，如跺脚、拍肩、弹舌。

| X　X　X　X | X　X　X　— | X　— |

孩子们出色完成后，老师告诉他们，这也是一首歌曲，名字也叫《小乌鸦爱妈妈》，巧的是这首歌的每一句歌词都是按刚才的节奏唱的，不信我们来唱唱看。

孩子们模唱歌曲两遍，边唱边拍节奏。很快也学会了这首歌曲，因为两首歌曲的故事是一样的，所以在唱第二首歌曲时，不用老师提示和启发，孩子们很自然地进入角色，唱得声情并茂。

一连学了两首《小乌鸦爱妈妈》，小乌鸦和乌鸦妈妈之间的母子亲情已经深深地留在了孩子的心中。

师：其实不只小乌鸦爱它的妈妈，其他小动物和自己的妈妈也有深厚的感情，看一看这是谁和它的妈妈在一起啊？

利用音乐课件出示一些表现动物母子的图片，这是一些非常精美可爱的卡通图片，有表现猫妈妈哄宝宝睡觉的，有表现猴妈妈和小猴子玩耍的，还有表现动物妈妈为孩子梳理羽毛的……孩子们一下子被吸引住了。这些画面，让孩子们想起了妈妈平时照顾自己的情景，激起了孩子们对妈妈的眷恋和依赖之情。

这时老师进行一次拓展，将动物之间的母爱引申到人类的母爱。

师：小动物们都这么爱自己的妈妈，小朋友们爱不爱自己的妈妈？

生：爱！

师：你会为你的妈妈做什么事呢？

这下发言更积极，孩子们个个都成了能干的小大人，争先恐后地说可以帮妈妈做这个做那个……

师：小朋友们都很能干，其实我们每个人都可以为妈妈做一件非常简单，但是又能令妈妈很开心的事，那就是为她唱一首歌！

老师出示歌词，让全班随着音乐一起唱《好妈妈》、《世上只有妈妈好》。有了前面的情感基础，歌曲与孩子的心产生了共鸣，孩子们唱得格外有感情，一张张稚嫩的脸上流露出对妈妈无限的爱。

最后，老师布置一个小小的任务，要求每个孩子回家为妈妈唱一首歌，相信他们的妈妈听了之后一定会又开心又感动。

【案例评述】

在新课标的指导下，音乐课愈来愈重视学生的合作能力。在本活动设计中，老师面向全体学生，让小朋友们自由组合，自由排练，自由表演，在表演中培养他们的合作能力，并且适当拓宽教学容量，打破了以往的音乐课通常是一节课学一首歌曲的形式。本节课教授了两首《小乌鸦爱妈妈》，并始终以"母爱"这一情感主线贯穿教学，让学生真切地体会到乌鸦反哺的真情。最后，通过演唱《好妈妈》、《世上只有妈妈好》两首歌曲，将动物母子的爱引申到人类母子的爱，从而使学生产生强烈的情感共鸣。

（深圳市南山实验学校　郭　薇）

我爱我的小动物

【设计理念】
　　本教学活动设计力图从学生实际生活体验出发,学生根据自己的亲身经历通过本课的学习加深对动物的了解,从而培养学生的探究性学习和创造性学习的能力。

【活动目标】
　　1. 引导学生关注自己身边的动物,能比较准确地、传神地描述自己喜爱的动物的典型特征。
　　2. 通过对动物声音、形象、动作的辨别、模仿和表演,感知艺术的基本要素,培养学生的艺术表现能力。
　　3. 在对动物生活的体验与模仿中引导学生思考动物与人的关系,使他们感悟要爱护动物,珍惜动物,珍惜生命。

【活动准备】
　　课件、教学碟、电脑。

【活动过程】
　　1. 设置情节"找朋友"
　　老师带领学生以律动的方式进入教室。
　　师:小朋友们,你们喜欢动物吗?森林社区的小动物们正在举行联欢会呢!活动一直持续到很晚才结束,正要回家的时候,突然下起了一场大雨,小松鼠和妈妈走失了,找不到回家的路。幸亏,一位动物朋友冒雨把它送到了家门口,但是没有留下姓名就走了。这位热心的朋友到底是谁呢?松鼠妈妈很想当面谢谢它。
　　(1) 听声音
　　师:现在动物小区通过先进的设备收集到了一些线索,我们一起根据这些线索帮松鼠妈妈找一找,好吗?(边猜边奖励动脑筋回答问题的学生。)
　　师:小区的声音探测器探测到这位动物朋友的叫声是这样的(课件演示),那它的叫声应该是短的还是长的?哪些动物的叫声是长节奏的呢?你能模仿它的叫声吗?
　　学生回答后模仿,教师演示长音动物图片及叫声。
　　(2) 辨形体:
　　师:有这样长叫声的动物太多了,我们不能确定是谁,好在小区的录像系统也拍到了这个动物的局部画面,我们再进一步确认一下(课件演示大象的局部图片)。原来是个个子很大的动物。(请学生根据局部的形体特征,用排除法确定范围。)那么,这位热心的做好事的朋友到底是谁呢?

生1:是大象,因为大象的耳朵很大。

生2:我觉得也是大象,因为它的身体很大,而且腿粗得像柱子。还有耳朵也很大。

生3:我觉得是猪。(这时,大部分同学都反对。)

生4:猪的耳朵有那么大么?!尾巴也没这么长。所以我觉得不是猪。

(3)小结:

师:同学们分析得非常有道理。就让我们看看到底是谁帮助了松鼠妈妈。(演示大象图片和掌声。)原来是大象做了好事不留名。你们喜欢大象吗?为什么呢?

生:喜欢。

生1:因为它助人为乐。

生2:因为它帮助别人不求回报。

生3:大象的鼻子很长,可以帮人们浇水,还可以让人坐在它的鼻子上。

师:大象和我们的关系这么密切,你们还知道有哪些动物和人类有着很亲密的关系?

2. 找特征

师:(课件展示很多不同动物的图片。)刚才小朋友们根据动物的声音以及形体特征找到了这位动物朋友,真棒!是呀,动物的特征是各种各样的,下面请你们说说自己喜欢的动物的特征。

学生回答。

师:(课件上出示各种小动物的卡通图片)请你为喜欢的小动物设计一句话。

学生纷纷以一句话概括出自己对喜欢的小动物的感受。

3. 学唱《我爱我的小动物》

师:动物朋友们真是太可爱了,你们喜欢它们吗?

生:喜欢。

师:那么你最想用什么方式来抒发你对动物朋友的情感呢?

生1:学动物叫。

生2:模仿动物。

生3:唱歌。

生4:演戏。

生5:做动物头饰。

师:同学们的建议都很好。今天我们就先用歌声来表达我们对动物朋友的喜爱。

(1)谜语竞猜(四个谜语,分四大组)。

(2)节奏训练:口念+拍手,以我问你答的形式进行。

每大组请一位代表,老师将节奏教给他们。每个代表根据自己组的谜底教会自己组。各组展示。默念+拍手,师生共同完成。

(3)改编节奏训练。

(4)跟音乐学唱。

(5)边玩边唱,改编歌词(师生、生生互动)。

4. 拓展

老师举例介绍人与动物之间的深厚感情。并介绍世界动物日，最后作总结：我们都知道动物是人类的朋友，我们要保护它们。在生活中我们也要像小区里的动物那样互相关心，互相帮助。

【案例评述】

本活动设计根据低年段学生的心理特点，用故事的形式将本课恰到好处地串了起来。学生身临其境般进入到故事的情境，发现问题，解决问题，温故而知新，锻炼了学生的逻辑思维能力和艺术表现能力。

本活动设计还巧妙地将歌曲的教唱与猜谜游戏有机地结合起来，打破了以往枯燥乏味的歌曲教学，让学生在快乐中学习，在学习中感受音乐带来的快乐。这充分体现了艺术新课程改革的理念。

（北京师范大学南山附属学校小学部　胡婷婷）

可爱的动物朋友

【设计理念】

在孩子们的心里,动物是可爱的,是可以和他们平等交流、玩耍的伙伴和朋友。本节课是一节以表演和节奏为主的一年级艺术课(教科版),力图从模仿动物的模样和声音入手,改变传统的、过于注重知识传授的教学模式,变接受学习为主动学习,激发学生对动物的好奇心和表演愿望,使学生在游戏中认识简单的节奏型,以掌握本课内容,愉悦身心。

【活动目标】

1. 通过动物模仿的竞猜游戏,激发学生对动物的好奇心和表演愿望。
2. 通过对动物声音的模仿,从中体验声音的长短,领会基本节奏型的时值。

【活动准备】

请学生注意观察动物的模样和叫声。

【活动过程】

1. 导入:手影游戏

师:小朋友们喜欢小动物吗?

生:喜欢!

师:世界上有许许多多小动物,它们是人类的朋友,请小朋友们看老师手的影子,你能猜出这是什么小动物吗?

生:小狗!

师:从什么地方看出是小狗呢?

生:它的嘴在动!……它竖起了两只耳朵……

师:你对小狗印象最深的是什么?

生:爱叫……会咬人……

师:再看看这是什么?

生:是狐狸!

师:怎么看出来是狐狸呢?

生:它的眼睛在动!它的眼睛在滴溜溜地转。

师:小朋友们在电视上或动画片中都见过狐狸吧?它给你最深的印象是什么?

生:它很狡猾!它的眼睛总在不停地动!

师:所以我们在模仿动物的时候要注意抓住它们的特点,模仿它给你印象最深的神态和动作。

2. 体验：猜猜我是谁

师：下面我们来做个游戏！请两位同学做猜动物的游戏，一位同学看老师的卡片后，模仿这个动物的样子给另一位同学看，另一位同学要背对着老师的卡片，猜一猜他在模仿什么。注意，只能做动作模仿，不能用语言来提示！看他们模仿得像不像，猜得对不对。

教师出示卡片——兔子，学生1模仿。

学生2：小兔。

师：为什么你猜他模仿的是小兔呢？

学生2：因为小兔有长长的耳朵。

教师出示卡片——小狗，学生1模仿。

学生2：小狗。

师：你为什么猜他模仿的是小狗呢？

生：因为他在学小狗叫。

师：大家说他猜得对不对啊？（对！）他们表演得很出色，我们掌声鼓励！小狗是人类忠实的好朋友，我们为小狗唱支歌好吗？

复习歌曲《小狗乖乖》。

教师再请两位同学上来。

教师出示卡片——老虎，学生3模仿。

学生4：老虎。

教师出示卡片——猫，学生3模仿。

学生4：猫。

师：你为什么猜它们是老虎和猫呢？

学生4：因为他张着嘴，又张着两只手像老虎；他的手在嘴的两边画，像小猫的胡须。

师：他猜得对吗？（对）掌声鼓励！所以我们在模仿动物的时候，要想一想它们给你印象最深的是什么，要抓住它特点。

……

教师又出示小鸭子、小猫、狮子、小熊、小羊、老牛、小老鼠、青蛙、孔雀等卡片请几对学生表演和竞猜，并及时点评。学生在游戏中更加注重寻找动物的特点加以模仿，同时也激发了学生关注动物的热情。

3. 表现：动物演唱会

师：刚才小朋友们都模仿了动物的样子，你们记得这些小动物的叫声吗？哪位同学来模仿一下呢？

生：喵—— 喵——

师：他模仿的是？（小猫！）小猫的叫声是有些延长音的"喵—— 喵——"，还是短促的"喵、喵、喵、喵"呢？（有延长的！）是"喵—— 喵—— 喵——"叫个不停还是每叫一声都略微休息一下呢？（略微休息一下！）我们将小猫的叫声总结为：

| X —— | 0 0 | X —— | 0 0 | ……

喵　　　　　　　　　　　　　　　　　　　喵
师：我们再熟悉一下这条节奏：
X — | 0 0 | X — | 0 0 | ……
哒　　　　　　　　　　哒

师：请同学们一起来模仿小猫的叫声，注意小猫"休息"的地方我们要停顿。
师：（模仿略）哪位同学还能模仿小动物的叫声呢？
生：汪汪汪汪——
师：他模仿的是？（小狗！）小狗的叫声是像小猫那样"汪—— 汪—— 汪—— 汪——"还是稍微短一些呢？（稍短一些！）我们将小狗的叫声总结为这样的节奏：
X X | X X | X X | X X | ……
汪　汪　汪　汪　汪　汪　汪　汪

师：我们熟悉一下这条节奏：
X X | X X | X X | X X | ……
哒　哒　哒　哒　哒　哒　哒　哒

师：哪位同学还能模仿？
生：叽叽叽叽……
师：他模仿的是？（小鸡！）小鸡的叫声和小狗相比，是更快一些还是更慢一些？（更快一些！）我们将小鸡的叫声总结为这样的节奏：
XX XX | XX XX | ……
叽叽　叽叽　叽叽　叽叽

师：共同来打一下这条节奏：
XX XX | XX XX | ……
哒哒　哒哒　哒哒　哒哒

4. 启发

师：刚才我们熟悉了小猫、小狗、小鸡叫声的节奏型，而有的时候，小鸡、小猫和小狗会一起叫，看看同学们能不能分清楚。
X — | X X | X X | X — | XX XX | XX XX | ……
喵　　　汪　汪　叽叽　叽叽　喵　　　叽叽　叽叽　汪　汪

师：把这三种小动物的叫声用"哒"代替，再试一下。
X — | X X | XX XX | X — | XX XX | XX XX | ……
哒　　　哒　哒　哒哒　哒哒　哒　　　哒哒　哒哒　哒哒　哒哒

师：老师再重组一次节奏型，看看大家掌握得是否准确。
X X | XX XX | X | XX XX | X |
门　前　大　桥　下　游过　一群　鸭，
XX XX | XXX X | XX XX | X | ……
快来　快来　数一数，　二四　六七　八。

5. 小结

师：小朋友们，今天我们在游戏中模仿了许多动物的模样，又在模仿动物叫声中总结出了三种节奏型。你们知道吗？在你们的周围，到处都充满着带节奏的声音，只要大家认真去留意,仔细去观察,你就会发现这些声音多么有趣、多么奇妙。

【案例评述】

本活动设计将游戏引入课堂教学,试图转变过于注重知识传授的教学模式,使学生在游戏中体验到表演的快乐,同时领会了基本的节奏型,有效地解除了"知识门槛",激发了学生的表演愿望和主动学习的热情。

(深圳市南山区同乐学校　王　宁)

森林中的故事

【设计理念】
　　课程设计以学生个体的身心发展、能力、兴趣与需要为主体,从人与人、人与社会、人与自然的角度,设计全面发展的多元课程。不局限于学科或领域范围,以艺术与人文为主,跨领域设计课程,涵盖音乐、视觉表演艺术和其他综合艺术活动。

【活动目标】
　　1. 低年级孩子最感兴趣的是有情节有形象的乐曲。通过欣赏培养学生的想像力,让学生展开想像的翅膀去感受,去描述乐曲的旋律所描绘的音乐形象。
　　2. 用音画结合的方法,增强教学的直观性、形象性、趣味性和创造性。要求学生用图谱(圈、点、画)画出大狮子的吼叫声,使学生对音乐的表现手段有更深层次的认识。
　　3. 学生在课堂上"动"起来。随着音乐旋律的流动,调动学生听觉的动、视觉的动、思维的动、手动、脚动、全身动,让学生在动中感受音乐,找到情趣,在动中发展想像,在动中愉悦身心。

【活动准备】
　　多媒体课件、学生准备动物头饰、红黄蓝三面小旗、实物投影、磁带、面具。

【活动过程】
　　1. 猜一猜谁在叫
　　师:请同学们仔细听,是什么声音?(课件展示。)
　　学生顿时兴奋起来:听起来让人害怕,是……狮子。
　　师:对,是狮子的吼叫声(出示狮子图片)。因为狮子叫声很威武,所以我们把狮子叫称为"吼"。你了解狮子吗?
　　学生纷纷说道:狮子很凶的;狮子生活在森林里,是森林之王;不,森林之王是老虎……
　　师:看得出大家对狮子很感兴趣,老师带来了介绍狮子的录像,想不想看?注意观察狮子有哪些特点。(播放狮子录像。)
　　师:是不是对狮子有了更多的了解?你有什么感受,能告诉老师吗?
　　学生对狮子有了整体感受:狮子生活在密密的草原中(树不多,草长长的,便于隐藏和追赶猎物),被誉为百兽大王(很凶猛,是最勇敢的食肉动物),是珍贵的保护动物之一(数量很少,不保护我们以后就看不到了)。
　　2. 听故事,赏音乐

(1)（课件出示：动画图）教师边演示课件,边配着音乐讲故事。学生看图、欣赏音乐。

"大森林里黑洞洞的,风呼呼地吹着,隐隐地传来狮王的吼叫声。突然,小猴从树上滑下来报告说：'狮王驾到！'"

"乐队吹起了喇叭,狮王大摇大摆地走出来,啊呜！狮王高兴地大叫。狡猾的狐狸带领小动物为狮王跳舞。狮王太高兴了,大吼一声把小动物们全吓跑了。"

分段欣赏音乐,认识理解图谱。鼓励同学们分辨出小动物吹喇叭、狮王走路、狮王吼叫及小动物为狮王跳舞的音乐。同时启发同学们运用身体动作大胆表现作品内容。

故事情节：在密密的丛林中→动物们举行狂欢节→狮王来了→迎接狮王→狮王神气活现,向小动物示威→小动物围着狮王跳舞→狐狸献殷勤,没有好下场。跟着老师的指挥看图谱完整欣赏音乐。

(2)师：你听到狮王的吼叫声了吗？它吼叫了几次？（四次。）请你用图形或线条表示狮王的吼叫声。

(放音乐练习)学生通过丰富的想像将狮王吼声用圈、点、线等形式表现出来。

(3)再听音乐,分清曲式：教师预先准备好黄蓝绿三面旗,根据乐曲结构挥动小旗,要求学生仔细听辨音乐。

3. 做一做,演一演

师：现在我们四人一组,用桌上老师发的彩色卡纸做脸,用小朋友带来的材料做五官和鬃毛,看哪一组的小朋友做得又好又快又有创意。

学生创作热情高涨。

师：接下来我们做个游戏好吗？各小组推选一位小朋友戴上自己组的面具,上前表演。

学生听音乐表演狮子大王的各种动态：狮子大王醒来了、在散步、发现猎物、狮子很威武、很高兴、发怒、吼叫……

师：现在老师要请小朋友来评一评：哪一组的面具做得最有创意？哪一组的表演很认真？哪一组的面具做得好、演得好？（提示：讲清原因。）

学生踊跃表述着自己的观点。

【案例评述】

本活动设计猜一猜的游戏导入,形式简捷有趣。学生听到狮子的吼叫声,唤起了他们对狮子已有的记忆和认知,但互相产生了分歧,带着疑问急于求证,从而激发学生的学习兴趣。通过听——忆——看——说的感知活动,让学生对狮子有了整体感受,为下面的学习活动作了铺垫。

感知是途径,探究是方法,感悟是结果,三者既是递进关系,又是有机结合、相互作用的过程。感知活动应该通过感知——探究——感悟的活动过程,让每个学生都能"在感知中探究、在探究中感悟",体验知识技能的形成过程和方法。第二部分的感知活动正是通过这一做法,激活了学生敏锐的感知觉和创造性思维活动,使得貌似有点儿"难"的问题也能够顺利地得到解决。在对比中,学生自主地发现并归纳出狮子大王的特点,初步感悟出了表现特点的重要性；在边听边表演中,强化了学生对狮子大王特点的感性认识,促进了认识的内化,为进一步表现音乐打下了基础。学生达成了合作学习的共识，取得了比教师直接教更有效的合作学习效果。

　　动手制作是感知的、创造性的表现过程。所以，既要引导学生的感性活动，又要鼓励他们大胆创新，并强调小组合作意识。表演狮子大王是感知的拓展活动，不但对各组完成的面具作了全面的展示，同时又是很好的形体造型活动。最后，学生评价是一个感知的表述活动，既可以培养学生的评述能力，还能体现出评价标准的多样性。

【资料链接】

　　杨立梅主编：《艺术一年级下册义务教育课程标准实验教材》，教育科学出版社，2002年版。

（深圳市南山区实验学校　康琳琳）

小 精 灵

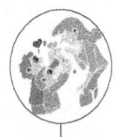

【设计理念】

"以乐导趣",全面调动学生学习音乐的积极性,充分发挥学生的主观能动性,变"要我学"为"我要学、我爱学",使学生在轻松愉快中获得音乐的知识和技能,在潜移默化中受到艺术的感化和熏陶。

【活动目标】

1. 用轻快、富有弹性的声音演唱《小青蛙找家》,模仿小青蛙的动作,准确地与音乐一起开始和结束。

2. 欣赏二胡齐奏曲《小青蛙》,感受中国民族乐器二胡所表现的动物形象,并能理解音乐,将音乐中的故事情节配上各种道具表演出来。

3. 教育学生爱护小青蛙,并学习它勇敢乐观的精神。

【活动准备】

青蛙头饰若干,大荷叶4片,公鸡和太阳的头饰各一个,风、雨丝的道具若干,青蛙卡片一张,二胡一把,自制多媒体教学光盘一张。

【活动过程】

1. 组织教学

(1) 听《小兔找舞伴》进入音乐室,体验轻松愉快的音乐情绪。

(2) 通过律动《星光恰恰恰》与学生建立亲密友好的朋友关系。

2. 课题导引

教师在黑板上画简笔画"青蛙",引出第二幅幻灯片"可爱的小青蛙"。上面有鼓泡泡和看书的卡通形象,让学生一看就喜欢这些可爱的小青蛙。

3. 歌唱与游戏

出示第三幅幻灯片:《小青蛙找家》的歌词卡片。

(1) 先完整初听一遍范唱,感受《小青蛙找家》这首歌的旋律特点。

(2) 第二遍带着目的和要求去听,听后,唱一唱哪句最好听,说一说哪句最难,并请同学们互相帮助解决难点。

(3) 听第三遍时,可让学生轻轻地拍手、跟唱,着重提示歌词中"跳"与"呱"的衔接。可利用双面青蛙卡片形象直观地教学。

(4) 歌曲学会后,进行男孩女孩对唱游戏,女孩唱"跳跳",男孩唱"呱呱",比一比男女孩哪边衔接得最好,唱歌的声音最好听,并能自编动作随音乐一起表演歌唱。

4. 欣赏与表演

(1) 看动画片《勇敢的小青蛙》。这部分是为欣赏二胡齐奏曲作的一个铺垫,看动画片中的情节有利于帮助学生理解音乐,提高兴趣。

(2) 介绍中国民族乐器"二胡"。先观察二胡的形状,请同学们看一看、拉一拉、听一听、说一说。教师拉二胡模仿公鸡叫、小鸟叫、风声、雨声(弹拨)来吸引学生对二胡的关注。教师再用二胡拉一段《小青蛙》的主旋律,加深学生对二胡音色的初步印象。

(3) 聆听之前,配上一段小故事,静静地初听一遍《小青蛙》,听完后,请学生说一说听到了哪些声音,小青蛙的主旋律用什么动作来表现。让学生在教师准备的道具中,自己选择什么用来作风和雨的道具,用什么动作来表演风、雨、水波,请几位同学来利用各种道具设计动作。自己设计摆放荷叶的位置及用荷叶来表演的方法,自创小青蛙不怕风雨、欢跳歌唱的动作。

(4) 复听的同时,学生按自己的理解,根据音乐的内容表演,充分发挥学生的表演创造力。

(5) 自评,说一说哪里表演得最好。

5. 小结

教育学生要学习小青蛙勇敢乐观的精神,并要保护小青蛙,爱护大自然。

【案例评述】

在本活动设计中,我引入了故事、律动、器乐、游戏、表演、编创诸形式,融音乐基本技能训练于唱、玩、奏、动之中,让学生在喜闻乐见的教学活动中情趣盎然地学习,最大限度地增加教学过程中的"乐趣",在设计《小精灵》这课时,我就很注重以下几点:

1. 游戏引趣:

小学生对有趣的游戏最喜爱了,所以在教学当中贯穿游戏非常有吸引力。在《小精灵》一课中教唱《小青蛙找家》这首歌时,采用了对唱的游戏,就是女同学唱"跳跳",男同学唱"呱呱"而且要按节奏衔接起来,比一比哪一方接得最好,谁最棒。在这个游戏中,同学们不但把握了这首歌的重点、难点,而且这充满童趣的演唱让孩子们更喜爱这首儿歌了。

2. 器乐促趣:

在上《小精灵》这课时,由于要欣赏二胡齐奏曲《小青蛙》,我就让学生来认识二胡,让他们看一看、摸一摸、拉一拉、说一说,充分满足学生的好奇心。然后我拉二胡模仿公鸡叫、蚊子叫、马叫、小鸟叫、风声、雨声,让学生猜我是模仿什么的声音,目的是促趣。他们往往会说出许多不同的答案,比如有的学生说像蜜蜂叫、像苍蝇叫,有的说是斑马叫……只要是像的,我都一一给予肯定,因为音乐教育的目标之一就是要完善学生的个性。然后,我又用二胡演奏了一段欣赏曲的主旋律,让学生进一步认识二胡优美的音色。学生在兴趣的引领下,不但认识了二胡,而且能在下一步的欣赏二胡曲中完整地感受二胡音色的优美动听。

3. 表演添趣:

在欣赏二胡齐奏曲《小青蛙》时,让学生根据音乐中的内容分组讨论,自编小青蛙、雨、风、太阳、公鸡的动作,并让学生选择道具表演。如表演风的同学,他们选择很轻的塑料薄膜纸左右晃动来表现大风、小风；表演雨的同学选透明塑料纸剪成的细丝，快速抖动来表现。教师对学生创编的舞蹈动作进行筛选组合之后，再让学生跟着音乐表演，使学生情绪饱满、专心致志地投入音乐学习之中。这样又培养了他们即兴创造和表演的能力。

总之，只有最大限度地增加教学过程中的"乐趣"，才能全面调动学生学习音乐的积极性，充分发挥学生的主观能动性，变"要我学"为"我要学、我爱学"，使学生在轻松愉快中获得音乐知识和技能，在潜移默化中受到艺术感化和熏陶。

（深圳市南山区前海小学　刘　岚）

熊猫咪咪

【设计理念】
　　情感教育是素质教育中不可或缺的重要内容。小学艺术课中的情感培养则主要体现在让孩子理解歌曲与诗歌中的人文精神与潜台词。本教学活动设计力图使孩子在学习艺术课程知识点的同时自然地体会与抒发情感,培养关爱意识。
【活动目标】
　　1. 通过各类视觉资料,让学生初步认识熊猫的形态与色彩特征,并尝试用艺术手段进行表现。
　　2. 欣赏歌曲《熊猫咪咪》,引发学生对熊猫生活现状及未来发展的关注,知道熊猫是我国的珍稀保护动物。
【活动准备】
　　1. 教师准备关于熊猫的文字、图片、音像资料,并制作成课件。
　　2. 学生准备制作熊猫的卡纸及胶水、剪刀等相关手工工具。
【活动过程】
　　1. 简单了解熊猫的外貌与它的食物
　　师:今天老师请同学们先来猜一个谜语,请你在猜到谜底时就举手。
　　(1) 按顺序播放课件,认识熊猫的主要特征。
　　条件一:它是我国一级保护动物。
　　条件二:它是一种我国特有的动物。
　　条件三:它的毛只有黑白两种颜色。
　　条件四:它的主要食物是竹子……
　　师请同学们齐声说出谜底,肯定其答案后再作引导:大熊猫是我们人类的好朋友,下面请大家跟老师一起去看看大熊猫在野外是怎么生活的。
　　(2) 播放熊猫录像,激发学生对熊猫的喜爱,并了解其生存环境。
　　(3) 小结录像内容,结合比例图表让学生更具体地了解熊猫的现状。
　　(这一活动借用了中央电视台娱乐节目"幸运52"的手法,充分调动了学生的积极性,并且引起了学生关注熊猫的兴趣,为下面的活动营造了较积极的氛围。)
　　2. 欣赏歌曲《熊猫咪咪》
　　(1) 讲故事,帮助学生理解歌曲内容。

咪咪是一只可爱的熊猫,它和妈妈一起生活在一片竹林里。有一天,咪咪出去玩,发现竹林里的竹子都开花了,咪咪高兴地跑回家跟妈妈说:"妈妈、妈妈,竹林里的竹子都开花了!"没想到,妈妈一听,却难过得哭了起来,说:"糟了糟了!这竹子一开花就是要死的,竹子死了,我们吃什么呢?"妈妈说得没错,没过多久,竹林里的竹子就都死掉了,咪咪和妈妈找不到吃的,眼看就要饿死了,这可怎么办呢?下面老师这里有一首歌,里面有一个办法,请你听听是什么办法。

(此环节的目的是引发学生在欣赏音乐的过程中思考故事续接内容,为欣赏时的理解做好了铺垫。)

(2)欣赏歌曲,让学生理解、表达音乐的内容、结构、情感。

① 欣赏第一遍,熟悉理解歌词。

欣赏后先让学生说说歌里唱了什么,教师再分句清唱,让学生当翻译,逐句说出歌词。然后讨论:咪咪没有竹子吃了,小朋友想帮助它,怎么帮呢?

② 欣赏第二遍,感受歌曲的结构和情感。

跟着教师随音乐做简单的动作,表达歌曲中的不同情感(A—高兴后的忧愁。B—安慰后的舒畅。C—表达美好心愿后的愉快)。欣赏后播放三张熊猫脸的录像(平静的、喜悦的、忧愁的),让学生按歌曲的意思调整其顺序,感知音乐结构。

③ 欣赏第三遍,用动作表达自己的愿望。

3. 制作熊猫

(1)欣赏熊猫造型的幻灯,引导学生观察其颜色、形态。

(2)手工制作:把自己喜欢的熊猫用卡纸做出来,设法和别人的不一样。

(3)展示评价:引导学生欣赏同学和自己的作品,学会在找出作品优点的同时,提出不足之处。

【案例评述】

本活动设计结构严谨,条理清晰,在欣赏过程中将知识教育与情感教育自然结合,并在轻松的环境氛围中,将较严肃的主题注入学生脑海,使情感教育不说教,不苍白,不枯燥。课堂氛围活跃而有序,学生的情感又得到一次升华。

(深圳市南山区月亮湾小学 黎巧元)

快乐的音乐会

【设计理念】

音乐课程总目标中指出：通过教学及各种生动的音乐活动，培养学生爱好音乐的情趣，提高音乐文化素养，丰富学生情感体验，陶冶高尚情操。因此，本教学活动的设计理念就是让学生通过说一说、唱一唱、找一找、试一试、学一学、演一演等过程，进行自主的模仿、探究和合作，在活动中分享音乐带来的快乐。

【活动目标】

1. 能用活泼、欢快的情绪，明亮柔和的声音，有感情地演唱歌曲。
2. 通过鉴赏及创编活动，了解民族乐器的音色和基本的演奏姿势，并为歌曲编创动作，表达自己的情感。

【活动准备】

1. 钢琴、民族乐器（二胡、唢呐、鼓）。
2. 电脑课件、卡通图片、音符图片。

【活动过程】

1. 看一看、练一练——导入课题

在大屏幕播放的《动物说话》的音乐声中学生走进教室，很自然地被生动的画面和声音吸引。画面中出现了可爱的小猫、小鸡、小鸭和小狗。学生跟着画面中的音乐轻声哼唱。由此顺势引入一组关于小动物声音的发声练习（师："小猫怎样叫？"生："喵喵喵喵喵"），学生模仿动物的动作进行表演唱。"同学们唱得非常好，上节课，哪些小动物参加了我们的音乐会？"（结合课件说一说），后教师出示本课所学歌谱《快乐的音乐会》。

2. 说一说、唱一唱——切入主题

本课为新歌学习的第二课时，重点在于使学生通过复习，巩固歌曲并围绕歌曲中说到的几种乐器进行拓展。学生轻声复习完歌曲后老师要求："唱一唱你喜欢的那一句，哪一句觉得有点难？"学生积极举手唱一唱他们喜欢的乐句，旋律还不熟练的孩子请其他的同学帮忙唱一唱，互相帮助解决乐曲的重、难点。完整演唱完歌曲后师生得出：要唱好歌曲应该注意演唱情绪的饱满活泼、力度的对比、八分休止符的准确。

3. 找一找、试一试——主题拓展

由歌曲的内容拓展到对三种民族乐器的了解：唢呐、二胡、鼓。教师："我们的课题是《快乐的音乐会》，那么今天我们的音乐会上小朋友们表演了哪些乐器？"学生结合歌词的内容说一说。后教师引导学生看一段录像并"说一说你看到的和听到的"，接下来让学生们摸一摸外形,奏一奏乐器,亲自听一听音色,进行体验了解。并邀请个别学生上台演奏其中的乐器。学生了解了不同乐器不同的音色和特点后,选择合适的乐器演奏的音乐为诗朗诵《春晓》配乐。全班在优美的二胡演奏的《紫竹调》的旋律中有感情地朗诵《春晓》。

4. 评一评、议一议——师生评价

学生在结束前进行自我评价。教师:"这节课你的收获是什么?"后教师总结。在生动、活泼的《快乐的音乐会》的歌声中学生走出音乐教室。

【案例评述】

低年级孩子好奇心强,有强烈的探究愿望。本活动设计充分引导学生通过看、听、唱、模、演、议等系列环节,层层递进,积极引导,从不同角度让孩子充分感受、理解音乐,并在彼此的合作和交流中不知不觉地解决了问题。整个课堂环节流畅、自然,多样的视听教学手段让孩子身临其中,其乐无穷!

(深圳市南山区沙河小学　金晓琴)

天鹅湖音乐会

【设计理念】

　　新编音乐教材提倡以学生为主体,以参与艺术实践和探索研究为手段,以培养学生创新、实践能力为目标的新型教学模式。提出把开发学生的形象思维能力、开发学生创造性思维潜质作为重要的培养目标。加强综合与渗透:不仅是本学科的综合,还是音乐与美术、戏剧、舞蹈以及影视、书法等姊妹艺术的综合,与其他学科的综合。把激发学生学习音乐的兴趣贯穿始终,达到学生艺术能力、审美能力和审美情感的逐步形成和提高的目的。

【活动目标】

　　1. 通过欣赏一组描写动物的管弦乐音乐片断,体会和感受管弦乐是怎样表现动物形象的。

　　2. 在看、听、想、做等主动参与活动中,发展学生的形象思维能力,开发创造性思维。

　　3. 培养学生勇于自信地在他人面前表演,体验成功的快乐,进一步增强学习音乐的兴趣。

【活动准备】

　　小动物头饰、多媒体及音响资料、管弦乐器。

【活动过程】

　　1. 我们来到了哪儿?

　　师:这清新的音乐把我们带到了哪里?

　　生:大森林,湖水边,鲜花盛开的地方,清爽的早晨……

　　师:使你联想到什么?

　　生:美丽的花仙子,可爱的小动物,还有许多调皮的小精灵,白雪公主,还有善良勇敢的白天鹅……(学生们想像的大门一下被打开了,争先恐后地说着。)

　　师:谁来参加音乐会了?!(投影出现白天鹅奥杰塔公主,背景是森林与湖水交融的画面。)

　　奥杰塔公主:小伙伴们,今天我们要在这里开一场音乐会,邀请你们来做客,你们想不想参加呀?

　　生:想!太好了……(闭上眼睛,伴随美妙的音乐随白天鹅公主来到了美丽的天鹅湖畔。)

奥杰塔公主：现在大家猜猜看，除了邀请你们，我还邀请了谁呢？

生：小马、小刺猬、狮子、大象、小鸟、老虎……

2. 听听我是谁

奥杰塔公主：我们来玩个游戏，请闭上眼睛不要看，看谁能最快从叫声中听辨出是哪位动物朋友。

生：小鸟、小鹿、小松鼠……（从成功开始，体验快乐，增加自信。）

奥杰塔公主：你们真聪明，现在音乐会已经开始了。看谁最聪明，能从管弦乐中听辨出是哪位动物朋友即将上场表演。（增加难度，走进管弦乐音乐片断的体会和感受。）

生兴趣十足，积极听辨。

音乐一：蜜蜂的音乐。（由萨克斯演奏。）

生：是蜜蜂。

奥杰塔公主：同意他意见的举手，还有不同意见请你说。

生：像狮子……

奥杰塔公主：还有不同意见吗？现在出现了不同意见，除第一组说是狮子外其余五个组说是蜜蜂，究竟是哪个对，让我们大家一起来分析一下，这两个动物分别都有什么特点。

生：狮子是大动物，很威严，音乐应该低沉有力的。

奥杰塔公主：蜜蜂呢？

生：身体小巧，动作灵活，音乐应是快速、活泼的。（发言踊跃，气氛活跃。）

奥杰塔公主：谁对谁错让我们看表演就清楚了。出现小蜜蜂的表演。

学生自然融入到对音乐的感受、体会、听辨、理解中。

音乐二：狮子音乐。（由大提琴演奏。）

音乐三：马的音乐。（由小号演奏。）

音乐四：龟的音乐。（由大管演奏。）

音乐五：公鸡和母鸡的音乐。（由单簧管和英国管演奏。）

音乐六：猫的音乐。（由单簧管演奏。）

音乐七：天鹅的音乐。（由弦乐群演奏。）

逐一进行听辨、感受、体会、理解。

3. 表演

奥杰塔公主：我们看了动物们精彩的表演，你们想不想给大家助助兴，来表演一个？

学生开始思考、讨论怎样表演，可以自由组合。

生铜管乐合奏，木管乐合奏，长笛合奏，小提琴独奏。

（培养学生自信地在他人面前表演的能力，体验成功的快乐，增强学习音乐的兴趣。）

4. 听辨乐器音色

奥杰塔公主：谢谢大家的精彩表演，你们不仅能够根据音乐的特点来想像和表现动物的神态，还能用管弦乐奏出如此美妙的音乐，那你们刚才在听音乐的时候有没有注意到，可爱动物的音乐是由你们手中的哪样乐器表现出来的？试试看，听清后请举手抢答。(进一步感受音乐形象,巩固原有知识,提出新的要求——进行乐器听辨。)

音乐一:蜜蜂的音乐由萨克斯演奏。

音乐二:狮子的音乐由弦乐大提琴演奏。

音乐三:马的音乐由铜管乐小号演奏。

音乐四:龟的音乐由木管乐大管演奏。

音乐五:公鸡和母鸡的音乐由木管乐单簧管和英国管演奏。

音乐六:猫的音乐由木管乐单簧管演奏。

音乐七:天鹅的音乐由弦乐群演奏。

根据学生能力进行分组,采用单独听辨,小组讨论的方式,培养合作学习的能力。

5. 邀舞

奥杰塔公主:告诉大家一个好消息——森林王后看到你们这么能干非常高兴,决定跳一支舞奖励大家。

生:哇,太棒了!

表演开始了……(用Flash播放已学过的《那不勒斯舞曲》。)

生情不自禁地喊出"《那不勒斯舞曲》",随着音乐舞了起来。

奥杰塔公主也一同舞了起来。

师:同学们,不要忘记你身边的动物朋友们和老师啊!

学生根据音乐的变化,来请自己认为最合适的动物和老师随音乐跳了起来。

(从听辨、感受、体会、理解进一步转变为一种应用的能力,创造性思维得到发展。)

师:快乐的时光总不够用,美妙的时光总显短暂,现在我们要和所有的朋友们说再见了,我相信下次音乐会会更加精彩!因为有积极参与的你们,还有喜爱你的器乐!让我们再次随音乐一同舞起来吧!

在快乐的音乐中结束活动,学生意犹未尽,兴趣正浓。

【案例评述】

本活动设计通过天鹅湖音乐会这种形式自然有效地调动学生的兴趣,同学们在轻松、愉快的气氛中充分发挥音乐想像力、创造力,运用多感官综合感受、体会、听辨、理解到管弦乐所表现的动物形象,逐步学会学习的方法。听、品、舞、奏几个环节的连接,起到了逐步增趣、激趣的作用,使学生情绪和课堂气氛始终保持活跃的状态。在一系列主动参与的活动中,学生的形象思维和创造性思维能力得到了发展。充分体现了兴趣是学生学习中最好的老师,最有效最持久的动力。

【资料链接】

1. 《音乐三年级第六册》第四课,人民音乐出版社,2004年版。
2. 《国家音乐课程标准》,北京师范大学出版社,2001年版。
3. 洪啸音乐教育工作站 http://www.hongxiao.com

(深圳市南山区平山小学 杨海鹏)

《老虎磨牙》打击乐合奏

【设计理念】

  本教学活动设计根据新课标的要求,力争设计音乐欣赏的情景,创设主动实践的机会,并使学生在发现问题与解决问题中循序渐进地学习,主动寻求与同学们的合作,进行互动合作式的学习,借此来完善学习内容的完整性,提高学生动手创造音乐和表现音乐的能力。

【活动目标】

  1. 培养学生的观察能力和模仿能力,并能使其与音乐形象有机地结合。

  2. 创设实践机会,让学生自主探究打击乐器的不同击奏方法。

  3. 用合作学习的方式,通过编创带有情节的故事来演奏乐器,提高学生对音乐的表现和创作能力。

【活动准备】

  1. 设计制作课件,打击乐器的准备。

  2. 让学生利用各种媒介了解老虎,准备在课堂上交流。

【活动过程】

  1. 导入新课

  学生听《两只老虎》音乐律动进入教室。

  师:你见过老虎吗?老虎是怎样的动物?

  生:是很凶猛的动物;是百兽之王;我见过……

  师:它是不是百兽之王呢?

  生:是;不是……狮子是百兽之王……

  师:狮子和老虎都是百兽之王。

  师:老虎的皮毛是怎样的呢?

  生:像斑点狗。

  师:是像斑点狗那样一点一点的,还是有条纹的?

  生:老虎是有条纹的。像斑马一样的。

  师:老虎的条纹是什么颜色的?

  生:黑色的。

  师:还有呢?

生：金黄色……

师：老师这里准备了很多漂亮的图片。我们看看老虎到底是什么样的。

看课件中虎的图片,并模仿图片中虎的不同姿态。

师：现在老师有一个小要求。请你根据老师给你的三种节奏来模仿老虎睡觉、老虎走路、老虎扑食。(课件演示。)

学生分3组来模仿。

师启发和建议。

师：同学们模仿得真好。老师仿佛走进了老虎的王国。

2. 新课学习部分

师：老师今天给大家带来了一首乐曲,叫做《老虎磨牙》。这首乐曲运用了很多的打击乐器,好多打击乐器大家可能都没见过。所以老师先请同学们完整地听一遍,在听的过程中老师有两个问题请你们思考。(思考问题见课件。)

欣赏全曲。边欣赏,老师边做一些动作启发学生们参与模仿,感受并表现乐曲中的一些情境。

师：在听乐曲的时候同学们都跟随音乐在做动作,表演得非常好,现在请同学们来回答老师的问题。

生：老虎在追猎物,在睡觉,在磨牙,把牙齿磨尖一点。(模仿老虎磨牙。)老虎在漫步,看看有什么动物(模仿)……

师：表演得非常棒。还有什么？

生：还听到了许多打击乐曲。有木鱼、沙锤、三角铁、铃鼓……还有锣、大鼓。

学生来打鼓。

师：不错。打得真不错。同学们刚才都说了很多,其中说到了鼓。你是不是觉得鼓在这首乐曲里出现得比较多？鼓是不是只有一种敲击方法呢？

生1：还有打鼓的旁边(学生来试奏)。

生2：敲鼓的木棍互相敲击。

学生3试着刮奏鼓边发出声音。

师：她在刮鼓的边缘。请你再给大家演示一下。

老师也学着试一试。

生：很像老虎在叫。老虎在磨牙……

师：是啊,很像老虎在磨牙。你们想到了吗？乐曲中在模仿老虎磨牙的时候就运用了这种击奏方法。(老师介绍鼓及鼓的不同击奏方法和所发出的不同音色。)

师：谁能用鼓来模仿老虎睡觉打哈欠的样子？(老师提示声音应该有渐强和渐弱。)

生击打鼓。

老师做一些提示和指导,并请学生们模仿老虎打哈欠的样子。

师：老虎现在要走路了；老虎跑起来了。(老师击奏,学生模仿。)

师：除了鼓还听到了什么？你们刚才说的钹(介绍钹),你能来击打它发出声音吗？

生试奏。

师：还有其他的打击方法吗？

生试奏。

师：这就是钹。还有一个比它小的。(出示并演奏)。它的样子和声音是怎样的？

生：(边观看边参与)很小,声音很清脆,很像小的碰铃的声音……声音很长。

师：还有一种声音(演示),你们刚才把它当成了碰铃的声音,其实不是的。

师：还有一件乐器叫锣。你们当中一定有人会打锣。(请一位学生上来试奏。)

生试奏。击打有强有弱。

师：同学们有没有发现,击打的力量大一些和击打的力气小一些,锣的声音是不一样的？

学生再次击打乐器。

师：我们刚才在乐曲里有没有听到这种声音？

生：听到了。

老师试奏。让学生感受乐器的音色和敲击节奏的变化。

师：下面,我们来看一看一些中国打击乐器的介绍。

(课件演示。)

师：这个就是老师刚才讲的打击乐——鼓。我们来听一下它的声音。

(课件演示。)

师：下面我们来看其他一些打击乐器的介绍。

课件演示。分别介绍钹和锣以及它们的声音。

师：刚才在听完乐曲之后,同学们还说出听到了木鱼的声音。我想你们对木鱼的样子都很熟悉了,以前我们学过的。木鱼中间的部位是空心的。击打木鱼的时候要击打什么部位？

生：中间；上面；下边……

师：哦。当然有很多击奏的方法。但是击奏这些地方——(老师试奏。)

生：都没有中间(的声音)好。

师：大的木鱼和小的木鱼声音上有什么不同呢？(老师试奏两个大小不等的木鱼发出声音。)

生：大的声音很低沉,小的声音很清脆。

师：如果把它们组合在一起,会产生什么样的声音呢？

老师请学生一起演示。

师：像不像非常静的夜里什么的叫声？

生：水、泉水……

师：有点像小蟋蟀叫的声音,我们刚才(在乐曲中)有没有听到过？

生：有。

师：好。我们介绍了这么多的乐器,再来听听这首乐曲好吗？

生：好。

分段欣赏。重点感受打击乐器打击的方式和声音,以及它们所表现的老虎的一些动作和表情。边听老师边启发学生主动地听辨。也可以模仿打击乐器时的动作。

师：我们刚才介绍了一些打击乐器,其实就"鼓"这一种乐器就有很多种类。

课件演示。分别简介堂鼓、铜鼓、手鼓、八角鼓、象牙鼓等。启发学生观察它们构造和形状的不同。

3. 创编有情景的打击乐合奏

师：好了，同学们，我们听过了老虎磨牙之后，老师又给你们介绍了许多中国的打击乐器。现在我想请你们用这些打击乐器来"表现"一件事情。老师举个例子，比如说：早上起来我打了一个好长好长的哈欠，好像昨天晚上没有睡好觉（师做打哈欠的动作）。我用打击乐器来模仿一下试一试。（老师击奏鼓，用渐强和减弱来表现。边击奏边做打哈欠的动作，和鼓的声音相吻合。）我咳嗽。（师用手拍击鼓的边缘。）好，老师给你们一点考虑的时间。每个组都想一个，然后上来表演。（老师到各个小组参与讨论。）

师：这组第一个想好了，我们请他们来表演。

生：我们想给大家表演老虎跑步。我们用鼓、小钹和木鱼。（有两个学生来表演老虎，开始演奏。）

师：表演完了。大家给他们提个"意见"，好吗？

生：太吵了。动作和声音不搭配。（节奏）太快了……

师：我们轻轻地再来一次。老虎跑步的动作要和节奏……

生：相符合。（学生再次演奏。）

师：好。你们运用了好几种打击乐器，非常不错。请回。我们请第二组的同学上来。

师：你们表演的内容要不要告诉大家？

生：（很神秘地）不要。

师：好。那就请大家猜一猜。

生：老师我讲故事。早晨太阳起来了，叫老爷爷起床。（学生击奏鼓。）布谷鸟和其他小鸟都笑起来了。（击奏三角铁和双响筒。）一只小老虎正在床上酣睡着。（击奏钹和锣。）布谷鸟又开始鸣叫起来。（击奏双响筒和三角铁。）可是老爷爷还是在酣睡着。（击奏钹和锣。）故事讲完了。

师：他们讲得好不好？

生：好。

师：好。真棒！我们请下一组。

生告诉老师他们表演的内容。

师：哦。表演"叫老爷爷起床"。

生表演老爷爷睡觉。（击奏鼓，用三角铁模仿报时钟的声音。）老爷爷在打呼噜……

师：好。请回。老师也给大家表演一下。清晨，一只快乐的小兔子向我们跑来。（击奏双响筒。）遇见了一个小乌龟在慢慢地爬着。（击奏鼓。同学们自觉模仿起小乌龟的动作。）小兔子说，小鸟都在天上叫了，你怎么才刚刚起床，爬得这么慢呀？（击奏三角铁。）小乌龟说：小兔子呀，我原本就爬得很慢。你跑得快，你快去通知大家，天亮了，让大家都起床吧。说完小乌龟就慢慢地走远了。（击奏鼓。减弱结束。）

4. 总结和课程拓展部分

师：打击乐器（的演奏）可不可以表述一个故事呀？

生：可以。

师：老师也给大家带来了一首打击乐的合奏曲，叫"迎宾曲"。我们听一听打击乐是怎样表现欢迎、喜悦的这样一种情绪的。（课件演示。）好了。今天我们给大家介绍了很多中国的民族打击乐器。我们今后还会学到很多乐曲,也是有关民族打击乐器的。希望我们继续认真学习。

师:这节课我们讲的《老虎磨牙》是一首……

生:民族打击乐器合奏。

师:乐曲当中用各种打击乐器描写了老虎……

生:在睡觉,在磨牙,在捕食猎物……

师:老虎在世界上已经成为一种……

生:珍惜的动物了。

师:因为有很多人们去怎么样?

生:捕杀它们!

师:所以,我们要热爱、爱护、保护……

生:老虎!

师:看看我们可爱的老虎吧!(字幕打出老虎现存的情况。)

师:我们学校也开展了领养小动物的活动,希望同学们伸出你的友爱之手,救助一些小动物,好吗?

生:好!

师:现在,我们跟随《两只老虎》的音乐走出课堂吧。(放音乐。学生律动出教室。)

【案例评述】

本活动设计充分重视学生的审美体验,"音乐"贯穿整个课堂,创设了许多有利于理解音乐的情景,使学生在音乐中理解、了解音乐所描述的内容。创设了许多音乐实践的机会,积极鼓励学生参与模仿、表演、创作音乐,学生学习的积极性被激发,在音乐中体验了"美",真正成为音乐的主人。启发学生对自己的学习进行及时的评价(自评),小组与小组的相互评价(组评),老师对学生在学习中出现的问题给予适当的提示和及时的纠正(师评),形成了良好的评价机制。

(深圳市南山区实验学校麒麟小学部　潘莉丹)

我是小小音乐家

【设计理念】

本教学活动设计力图使学生在学会歌曲之后,能自己动手制作乐器为歌曲伴奏,并通过学生之间互相交流,自己制作乐器,进行合作性学习,通过这种学习方式,来激发学生学习兴趣,让学生亲身体验演绎自己制作的乐器的乐趣,培养学生的创造能力。

【活动目标】

1. 初步认识吉他、提琴、法国号。
2. 学唱歌曲。
3. 介绍并演奏自己的乐器。

【活动准备】

1. 课前布置学生自己动手制作一件小乐器。
2. 教师准备一件手工制作的小乐器,课件等等。

【活动过程】

当学生进入课堂,我选用了悬念引入:"同学们,今天老师带了几个会唱歌的小朋友来给大家认识,让我们来听听他们的歌声,猜猜他们是谁。"随后,我播放课件中吉他的音乐,学生很快猜出答案。

"老师,我知道,我知道,这是吉他的声音!"

"回答正确,你的耳朵很灵敏。"我转身在黑板上板书"吉他"。"那么你知道吉他是怎样演奏的吗?你能不能模仿吉他的演奏姿势?"学生开始有模有样地摆出吉他的演奏姿势。

"同学们,你们会模仿吉他的演奏姿势吗?让这位同学教教我们好吗?"

"我会!我会!"

"第二位小朋友是谁?"我播放了一段《梁山伯与祝英台》的小提琴协奏曲片段,还未播完,就有学生说:"这是小提琴!老师,它是这样拉的!"学生一边说着一边模仿着演奏小提琴的姿势。

"Very good!你们很聪明!是小提琴。"我立刻在黑板上板书"小提琴"。

"现在老师请同学们猜最后一位小朋友是谁?"播放圆号音乐片段。对于圆号的音色,学生一脸的茫然,于是我问:"你们认为这件神秘的乐器是属于吹、拉、弹的哪一种?"

"是不是吹的?"一名学生犹豫地小声回答。

"对!这种乐器采取吹奏的演奏方式,它起源于古代的猎号……"我简单介绍了圆号的来历,学生们聚精会神地听着。

"有几个小音乐家会演奏这几样乐器,我们来听听他们分别是在哪里演奏这些乐器。"播放课件,在伦敦、巴黎、柏林三地风光照片背景衬托下,聆听本课音乐。让学生带着问题倾听音乐。

"听完了歌曲,老师要给大家一道抢答题,请再听一遍歌曲,歌曲结束之后,谁能把黑板上歌曲中出现的乐器名与地名正确地连接在一起,谁就能拿到一朵漂亮的小红花。"学生们争先恐后举手回答。

"刚才我们听的这首歌曲真好听!今天我们就来学唱这首歌曲。我们已经听了两遍,第三遍老师请同学们小声地模唱,你能做到吗?"

"能!"全班齐声回答。

跟老师的钢琴用"la"轻声模唱歌曲两遍。"谁会唱歌曲里面描写声音的一段?"教师唱词:"勃隆砰砰砰,勃隆砰砰砰,勃隆砰砰砰,勃隆砰砰砰,跳哟,唱哟,跳哟,唱哟,勃隆砰砰砰,勃隆砰砰砰,勃隆砰砰砰。"

"你会唱吗?""会!""那么你能不能教全班同学唱这一段?""可以。""再唱一次,在'砰砰砰'的地方拍手,好吗?"

教师进行歌曲示范。学生合钢琴唱词,教师领唱一次,学生自己唱一次。第一遍合录音伴奏演唱,第二遍合伴奏演唱并加入拍手动作及乐器模仿的动作。

"请同学们起立,一边唱歌一边根据歌词加入乐器模仿的动作,并按顺序跟老师走出位置围成一个大圈,看看哪位同学能准确地模仿乐器演奏姿势。"我播放伴奏,然后带领学生一起唱歌律动。当他们很有次序地走回自己座位后,我开始检查他们的作品。

"上节课老师给大家布置了作业,让同学们回家用身边的东西来制作一件小乐器,乐器都带来了吗?"学生纷纷展示自己的作品,各式各样的小乐器让人眼花缭乱,而且不少学生的想法很独特,很具创新精神。

"老师今天也带了一个小乐器,是用一个空酸奶杯和三根橡皮筋做的,我把橡皮筋系在空的酸奶杯上,两头固定好,拉动两头的橡皮筋就会发出响声,而且两头的声音都不一样。"

"老师想请几个做得比较好、有创意的同学来介绍一下自己的作品。"

"我的乐器叫小鼓,我在这个空月饼盒的旁边穿根绳子寄上结,它可以这样挂在脖子上。"他边说边给我们示范着,"然后,我再用两根筷子做小鼓棰,它就会响了。"

"我的乐器是用一个空的纸巾盒,几根橡皮筋,把橡皮筋系在纸巾盒上,拉动橡皮筋就会发出声音。"

"我们看了几个同学的小乐器,你们能不能给自己的乐器起个名字,然后把你的乐器名与歌曲里的乐器名换一换。老师先来示范一下。我是个小小音乐家,住在深圳,我拉起我的小响筒,能奏起美妙的音乐,勃隆砰砰砰,勃隆砰砰砰,勃隆砰砰砰,勃隆砰砰砰,跳哟,唱哟,跳哟,唱哟,勃隆砰砰砰,勃隆砰砰砰,勃隆砰砰砰。"

"老师,老师,我也会了!""老师,我也会。"教室里孩子们像小鸟似的叽叽喳喳为自己的乐器编歌词。

钢琴声响起,学生都回到自己的位置上坐好了。"你们编好歌词了吗?"

"编好了!"

"OK!谁来唱唱自己的歌?"

一名学生举手站起来,唱道:"我是个小小音乐家,住在深圳,我敲起我的小响筒,能奏出美妙的音乐,勃隆砰砰砰,勃隆砰砰砰,勃隆砰砰砰,勃隆砰砰砰,跳哟,唱哟,跳哟,唱哟,勃隆砰砰砰,勃隆砰砰砰,勃隆砰砰砰。"

"我是个小小音乐家,住在深圳,我敲起我的小铃鼓,能奏起美妙的音乐,勃隆砰砰砰,勃隆砰砰砰,勃隆砰砰砰,勃隆砰砰砰,跳哟,唱哟,跳哟,唱哟,勃隆砰砰砰,勃隆砰砰砰,勃隆砰砰砰。"

"同学们,拿起你们的小乐器为你们编的歌曲伴奏吧。"孩子们合着伴奏音乐高兴地拿起自己制作的乐器,唱着自己编的歌词,陶醉地唱起来。在这个时候,我也像个孩子似的,拿起那个酸奶瓶,领着全班孩子,一边唱一边跳。我和孩子们就在这愉快的、充满成就感的音乐里结束了这节难忘的音乐课。

【案例评述】

本活动设计的特点在于:围绕新课标,调动每个学生学习音乐的积极性,通过听声音辨乐器,让学生带着问题去认识乐器。用自制乐器为歌曲伴奏和创编歌词活动启发学生对音乐的兴趣,使学生更深入地理解音乐,把好奇心转化为学习和创作的动力。

【资料链接】

1.《中国音乐教育》,人民音乐出版社。

2.《音乐课程标准教师读本》,华中师范大学出版社。

(深圳市南山区海湾小学　梁　琪)

乐手的实验

【设计理念】

　　从课程素质化的教育理念出发,在学生大都各自学习了一门乐器的背景下,本教学活动设计力图为学生提供交流合作的平台和方式,让学生改变原来各自为政和单人独奏的局面,学会与他人合作。因为现代社会就是分工合作的社会,音乐学习更是如此。合作学习不仅要把握自己,还要了解别人,合作演出更能创造出演奏的乐趣。让艺术课程真正成为学生素质培养的载体,让艺术课堂成为学生成长的乐园。

【活动目标】

　　了解乐器的分类,学习合作的基本方法,感受合作学习的乐趣。

【活动准备】

　　1. 学生自带乐器。

　　2. 收集器乐曲的CD或磁带,准备在课堂上与同学聆听、交流。

【活动过程】

　　1. 聆听器乐曲,明确器乐一般的演奏形式

　　同学们进入音乐厅就开始稀里哗啦地各自练习起来,真热闹。几十件乐器各自为政,但谁也听不清谁的。这时教师发问:"有这样演奏音乐的吗?"学生立刻静下来,教师:"我们来看看器乐演奏会实况或听听器乐曲,看器乐一般是什么演奏形式。"请同学们播放自己带来的器乐曲:《检阅进行曲》(管乐合奏)和《永浴爱河》(独奏、伴奏、协奏)。

　　教师进一步提问:"谁带了单纯的没有伴奏也没有合奏的器乐曲?键盘、吉他等多声部乐器除外。"没有同学带来这样的乐曲。教师再一步提问:"单声部乐器一般以什么形式演奏呢?"学生:"合奏、重奏、独奏(加伴奏)。"教师紧接着总结:"现代社会是个分工合作的社会,器乐演奏更是这样,所以同学们很难找到单声部的乐曲。今天我们来分组进行多方位的合作学习。"

　　2. 乐器分组,基本指法练习

　　学生经过讨论后按乐器分成长笛(还包括竖笛)、小号、萨克斯、吉他、打击乐五个组。教师在同一调性上指挥大家进行音阶和节奏变化练习,熟悉《朋友波尔卡》的旋律。

　　3. 各组乐器的合作学习

　　采取分组讨论后,教师总结得出下列合作意向(不同调性的乐器要调成统一调性演奏):

　　(1) 同一组乐器的合作:以三度或六度为主,跟主奏乐器同时进行演奏。教师提

示：乐器选择得好,能增加乐曲的表现力与气氛。因此,在为本曲选择乐器时,应充分考虑乐曲过门与后面歌唱性曲调的特点。既要注意试奏时前后乐器色彩的对比,又要考虑全曲统一、协调的效果。如：哪些乐句用作领走,哪些乐句可以齐奏,哪些地方合奏等。让学生在对比中选好旋律乐器。

(2) 不同音色组别乐器之间的合作：可以相互交替演奏或加花演奏。教师提示：为旋律加花添彩,首先应根据乐曲的风格和乐器的特点,将全曲各段的旋律进行恰当的安排处理,如：在乐句句末适当加花或进行轮奏处理。

(3) 不同音域的乐器合作：高音乐器演奏旋律,低音乐器作规整的低音演奏。

(4) 打击乐的配合：打击乐节奏的设计主要是为了烘托、渲染乐曲的气氛。设计时,既要注意全曲布局的对比统一,又要关注乐曲的起伏、发展及高潮所在。

(5) 五组乐器的合作(教师配器出示曲谱)：

旋律乐器｜5 5 3 6 6 5 5 5 4 3 4 — ｜7 7 6 7 7 6 5 1 7 6 5 · 0｜
三、六度｜3 3 3 3 3 5 3 3 2 1 2 — ｜4 4 4 4 4 3 3 2 1 7 · 0｜
交替加花｜5 5 3 6 6 5 5 5 4 2 4 6 ｜7 7 6 7 7 6 5 1 7 6 5 4 3 2｜
规整低音｜1 5｜1 5｜1 5｜2 5｜2 5｜2 5｜1 2｜5 · 0｜
打击乐器｜X 0 X 0｜X 0 X XX XXXX｜X 0 X 0 X 0 XXX XXXX｜

(6) 结束语：器乐合作学习的方法多种多样,请同学们大胆尝试,用你们的智慧创作出丰富多彩的艺术效果。

【案例评述】

该教学活动设计的突出之处在于将传统的器乐学习(注重个人独奏或单纯的技能技巧训练)转化成学生的合作学习。尽管在合作过程中个人的技巧训练是有限的,但学生在合奏中会明确自己的责任和任务,增强、锻炼了他们的合作意识。他们在合奏中能明显地找出自己的长处和不足,为了以后的合作交流,相信他们会用个人的单独的空间完善自己的技术练习。

【资料链接】

1.《音乐义务教育课程标准实验教科书八年级下册》,湖南文艺出版社,2002年版。

2.《国家音乐课程标准》,北京师范大学出版社,2001年版。

(深圳市南山区华侨城中学　杨慈雄)

音乐童话剧《龟兔赛跑》

【设计理念】

以音乐审美为核心,以兴趣爱好为动力,面向学生,注重个性发展,注重艺术实践,鼓励音乐创造,提倡学科综合,弘扬民族音乐,理解多元文化,完善评价机制是当前小学音乐教学改革的基本理念。在本教学活动的设计上,改变以教师为中心、课堂为中心和书本为中心的局面,积极倡导一种自主、合作、探究的学习方式,面向全体学生,以学生为主体,师生进行互动,开发每一个学生的音乐潜能,使他们从中受益。并将学生对音乐的感受和对音乐活动的参与放在重要的地位,从而进一步促进学生创新意识和实践能力的发展。

【活动目标】

1. 通过欣赏《龟兔赛跑》,了解乐曲所表现的内容,感受音乐中不同的节奏、旋律、速度,以及不同乐器的音色所表现的不同音乐形象。

2. 通过音乐学习,使学生的情感世界受到感染和熏陶。并通过创作表演,培养学生的表现力、想像力。

【活动准备】

1. 乌龟、兔子、猴子等各种小动物的头饰及相关动画片。

2. 多媒体课件、教室内布置"动物王国"的场景。

【活动过程】

1. 导入

(1) 导语:同学们,今天老师要带大家去一个美丽的大森林,你们听,有几只小动物已经在那里欢迎我们了,让我们听听都是谁呀?

(2) 聆听音乐:《大森林的早晨》片段。

(3) 感受:

师:从刚才的音乐片断中,你听到了有哪些小动物在欢迎我们呀?

同学们自由想像。

师:谁来学一学它们的叫声?

同学们说出了好几种动物的名字,很形象地模仿出了它们的声音。

2. 新课教授

(1) 师:同学们,你们知道为什么今天大森林里这么热闹吗?原来是森林里有两只小动物要进行赛跑比赛。下面就让我们来看一看,是哪两只小动物呀?(播放幻灯片。)

师:哦,原来是小兔子和乌龟,那么有哪位同学能模仿一下小兔子和小乌龟走路的姿势呀?

同学们踊跃举手,教师请几位出表演。

师:小朋友们学得真好,如果我们用音乐来描写这两只小动物,那么它们应该是什么样子的呢?下面就请我们聪明的小朋友来给小兔子和小乌龟配上好听的音乐吧!

师:这里有两段音乐,分别是由两种乐器演奏的,我们一起来看一看。这件乐器的名字叫做"单簧管"(画面出现单簧管图片,点击出示"单簧管"字样)。同学们,你们不要看它的样子好像没什么了不起的,可是它发出的声音可好听了,不信呀,你们来听听(点击音乐响起),你觉得这段音乐好听吗?那么你们觉得从音乐感觉来说,应该配给哪只小动物才最合适呀?为什么?

学生回答。

老师:好,同学们非常聪明,单簧管奏出的音乐轻快、活泼、跳跃,很适合表现性格活泼的小兔子,所以我们就把这段音乐送给小兔子吧,好不好呀?好,接下来,我们再来看另一种乐器。(点击出现"大管"图片)这件乐器的名字叫"大管",同学们,你们看一看,大管和刚才的"单簧管"一样吗?(引导学生简单区分"单簧管"和"大管"。)那你们说说,它们在外形上有什么区别呀?那你们想知道大管奏出的音乐是怎样的吗?(点击音乐响起)现在老师不用问,你们也应该知道这段音乐该送给谁了吧?

老师总结:同学们真的是非常聪明,大管奏出的音乐低沉、庄严、平稳,我们就把它送给做事总是慢吞吞的小乌龟吧!

师:小兔子和乌龟知道小朋友为它们配上了好听的音乐,可高兴了!你们看,它们都在摩拳擦掌准备好要拿比赛的第一名了。(画面出现配上了音乐的动画片。)

(2)引导学生分段欣赏音乐故事。

师:同学们,快来呀,比赛马上就要开始了,让我们为它们加油呀!

学生听音乐故事至"比赛开始了"。

师:同学们,看到这儿,老师要考考你们了。你能听出下面的这段音乐表现的是哪只小动物吗?(分别播放两段主题音乐,请小朋友辨别,并请小朋友说说故事中两只动物的特点。)

师:同学们真聪明,很快就回答出了老师的第一个问题。我们继续往下看下面的故事吧。

学生听故事至"喊叫声惊醒了小兔子"。

师:同学们,你们刚才的问题回答得很好,接下来你们能听着下面的音乐做出合适的动作吗?(播放小兔子睡着了的音乐和乌龟继续努力追赶的音乐,请小朋友模仿出相应的小动物形象。)

师:小朋友们学得真像,那么比赛的结果到底怎样呢?

学生听音乐至故事结束。

师:同学们,比赛进行完了,你知道跑得快的小兔子为什么输给了慢吞吞的小乌龟吗?(引导学生讨论。)

老师总结:对呀,骄傲自满会使人落后,同学们,我们在生活中可不能学骄傲自大的小兔子呀,你们记住了吗?

(3) 复听音乐故事,引导学生进行表演。

师:好,同学们,现在我们来玩一个谁是好演员的游戏,好不好?这个游戏是这样的,让我们先完整地听一遍这个音乐故事,你们一边听一边想像一下,如果让我把这段音乐故事表演一下,我应该怎样演才最好,等一会我们表演的时候,我们比一比哪个同学表演得最形象,好不好?(完整地复听音乐,体现音乐的连贯性,加深对音乐形象的理解。)

师:好,请三个小朋友分别做小兔子、小乌龟、小猴子,其余小朋友做森林中其他的小动物,跟着音乐的进行将音乐童话剧重新进行加工表演,我们比一比,哪个同学表演得最好,谁是最好的小演员。

师:小朋友们表演得都很棒,看来我们的同学都很有表演天赋,可是时间过得太快了,这节课马上就要结束了。最后老师还要布置一个任务:请同学们充分发挥自己的想像力,将小兔子输掉比赛之后又发生了什么事编成另一个故事,然后讲给同学们听,比一比看哪个同学编得最好,好吗?好,让我们一起和我们的动物朋友们说再见吧!

3. 结束活动

学生随音乐出教室。

【案例评述】

本活动设计的开始阶段用优美的音乐打动学生,用愉快的情绪感染学生,为学生营造一个生动、活泼的课堂气氛。在引导学生用音乐的方式表现特定的自然情景或声音时,让学生自由选择音色,从而保证了学生参与音乐活动的主动性和想像性。然后给予学生实际的、有趣的问题,引导学生去研究和发现。在学生完成和解决问题的过程中,通过游戏,学生的能力在游戏中得到了锻炼,同时培养了学生的合作能力和创造力,使原本枯燥的音乐练习变得生动有趣,学生乐于接受并且通过分辨不同音乐的速度、节奏感受了音乐所表达的音乐形象。激发了学生学习音乐的兴趣,提高了学生对音乐的理解、表达和创造能力,充分发挥音乐教育的审美功能。

【资料连接】

1.《音乐(二年级第四册)》,人民音乐出版社,2001版。

2. 人民网科教频道。

3. 音乐教学网 http://www.yyjx.net。

4. 嘉善中小学教育网络。

(深圳市南山区大磡小学　晋　超)

趣味识谱

【设计理念】
　　识谱教学是中小学音乐知识技能的一个组成部分。《标准》要求学生具有一定的识谱能力。但同时《标准》又指出：识谱只是音乐教学的一种工具与手段，而不是音乐教育的最终目标。机械的传统识谱训练的教学方法，既耗时费力，又容易使学生感到枯燥，引起学生对识谱知识的畏难情绪，违反了音乐教育"愉悦"的原则，显然已经不适合新课改理念。因此，改变传统的教法势在必行。而把读谱知识巧妙地安排在游戏或活动中，不仅增加了趣味性，激发了学生学习的兴趣，而且还可以起到事半功倍的效果。

【活动目标】
　　让学生在活动与游戏中，轻松、愉快、主动地学习识谱知识，改变过去机械训练的传统教法，改变过去学生认为识谱知识难、枯燥，不愿意学的心理，增强学生学习音乐的自信心，激发学生的音乐兴趣。

【活动准备】
　　教师准备课件、电子琴、打击乐器等等，学生准备彩纸、橡皮擦等。

【活动过程】
　　1. 认识五线谱的几种常用音符
　　（1）课件展示五线谱的几种常用音符的卡通形象，激趣导入："同学们看，这些音符的形象是不是很可爱？这些音符也像我们人一样，都有各自的名字，而且不同形象的音符所代表的时间长短也不同。下面就让我们来一个个认识它们。"用卡通音符符合学生喜欢卡通形象的心理特点。
　　（2）依次介绍全音符、二分音符、四分音符、八分音符、十六分音符，引导学生观察它们符头、符干、符尾有什么不同，并让学生自选一种方式把这几个音符时值表现出来。如：有的学生模仿军训队列行走，一步一拍，表现四分音符时值，有的利用三角铁的余音来表现全音符的时值……鼓励学生发挥自己的想像能力，用自己独特的方式表现各种音符的时值。在这过程中，学生充分表现自己，并体验到创造的乐趣。
　　（3）Flash游戏《接音符》。
　　① 游戏目的：本游戏是一个Flash游戏，学生比较喜欢，同时初学五线谱者通过本游戏，能加深对几种常见音符的印象，并可以活跃课堂气氛，提高学生学习识谱知识的兴趣，树立起能学好音乐的信心。

② 游戏规则

a. 玩游戏者要用鼠标左右移动,去接掉下来的音符。

b. 接到全音符得4分;接到二分音符得2分;接到四分音符得1分;接到炸弹扣4分。

c. 限时1分钟,游戏停止后,电脑会自动显示分数。分数高者胜。

③ 游戏过程:让两名学生分别代表红、蓝两队,到讲台上比赛,在规定时间内,看谁接的音符时值多,得分高,得分高者胜。其他同学分别手持红或蓝一种彩纸,充当拉拉队,代表支持的方队。可多次进行。现场气氛活跃、比赛激烈。学生的参与性很强。

2. 识谱综合知识游戏:制作《音乐棋》

(教过的识谱知识,学生容易忘记,课后他们也不可能像学习其他文化课一样去复习,所以,教学生制作音乐棋,让学生在课余时间玩棋的同时,可以轻松达到复习巩固音乐知识的目的。)

(1)出示做好的音乐棋的模型。

(2)课件展示音乐棋的制作方法:

① 在一张白纸或者彩纸上面画一个高音谱号(低音谱号)。

② 谱号上画出若干格,填上刚教过的音乐记号或者自己喜欢的音乐符号,在部分音乐记号旁边写上游戏规则。如:"F"说出它的唱名进4格,说错倒退4格;遇到四分休止符停转一次。

③ 按照高音谱号(低音谱号)的书写顺序设置起点、终点。

④ 制作骰子:把橡皮擦切成一个正方形,分别写上1、2、3、4、5、6的数字。

⑤ 用2~4种不同颜色的彩纸制作棋子。

⑥ 附:音乐棋样式图

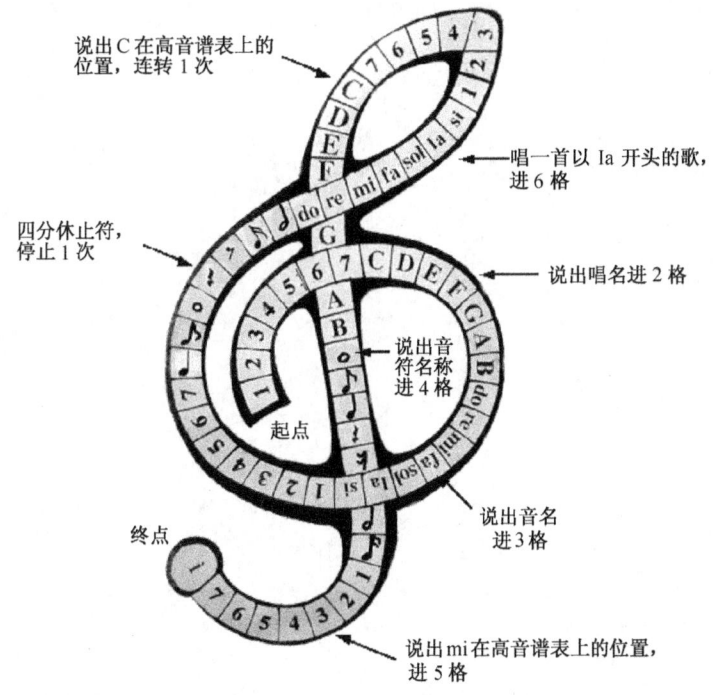

（3）课件展示音乐棋的游戏规则：

① 每个音乐棋适合 2~4 人参加。

② 参加游戏者轮流转骰子，如骰子显示 3，则本方棋子进 3 步，若正好走到某一格，旁边有提问，就必须按照要求回答问题，回答正确可以进不同步数，回答错误原地不动或者倒退，最后哪一方先到终点得胜。

（4）学生动手制作音乐棋。鼓励学生根据模型提示，设计出自己喜欢的、各种不同玩法的音乐棋。

（5）与同学分享自己的作品，玩音乐棋。

【案例评述】

以上两个活动都是让学生在快乐的游戏气氛中"无意"地进行识谱知识的学习，这样的学习不仅能消除学生对乐理知识的畏难情绪，而且极大地激发了他们的音乐兴趣，做到了寓教于乐，起到了事半功倍的效果。其中音乐棋的玩法更具有创意，它的玩法类似飞行棋，简单易学，好玩有趣，集知识性与趣味性于一体。而且随着音乐知识的不断积累，同学们还可以随时更新音乐棋盘上的内容，加深游戏的难度。这样，始终使同学们处于一种新奇、兴奋的状态。这样的设计既培养了学生学习音乐的兴趣，又锻炼了他们的想像力与创造力。

（深圳市南山区前海中学　朱少芬）

浅议"三种唱法"

【设计理念】

让学生明确中外歌剧在演唱方式上有哪些不同。本活动设计以中外歌剧欣赏为教学线索,以此引发"三大唱法"的讨论。特区的孩子思维活跃,信息适时快捷,对此类问题有浓厚的兴趣和强烈的求知欲望。本活动设计力求摆脱老师"一言堂"、"满堂灌"的模式,让学生充分发表自己的见解和认识,彼此间得以相互交流,甚至可以争论,教师只是把握课堂的正确导向,适时提出科学的观点和见解。让学生在开放、民主的氛围中,加深对所谓"三大唱法"的理解。这对今后的音乐欣赏教学具有一定的积极的探索和开拓作用。

【活动目标】

1. 提出歌剧演唱方式的拓展。

【活动准备】

1. 上本课前,同学们已在音响教室欣赏过《洪湖赤卫队》、《茶花女》等中外歌剧的典型唱段,如"洪湖水,浪打浪""饮酒歌"等。大家因为是第一次较为系统地欣赏中外歌剧,兴趣可谓高涨。这得益于中外歌唱家精湛的演唱功力和深厚的艺术素养。

2. 教师准备范唱1~2首歌剧片段。

【活动过程】

老师:同学们,上一周我们组织大家欣赏过中外歌剧选曲,其中有著名歌唱家王玉珍老师演唱的"洪湖水,浪打浪"、"没有眼泪,没有悲伤",有歌唱家铁金演唱的"红梅赞",还有老一辈歌唱家郭兰英老师演唱的"恨似高山仇似海"。外国歌剧选曲有世界著名男高音歌唱家帕瓦罗蒂演唱的"饮酒歌",歌唱家戴玉强演唱的"今夜无人入睡"。这些选曲可谓都是歌剧中的精品,它凝聚了中外艺术家辛勤劳动的汗水,让我们在美妙的歌声中得到了心灵的洗涤和情感的升华。

"老师,我有不同的看法。"有班中小博士美誉的李欣同学边举手边慷慨陈词:"我们听的这些歌剧选曲,为什么没有像孙楠或刘欢那样用通俗唱法演唱的作品?通俗唱法演唱的歌曲听起来很轻松,不像美声唱法那样听起来让人吃力,动不动就是一个高音跟着一个高音地叫喊,我个人不太喜欢。"小博士讲话很注意分寸,是个人而不代表大家。

李欣突如其来的发言正中老师的下怀,老师希望的就是大家能毫无保留地发表自己的看法,展开热烈的课堂讨论,在讨论中加深对歌剧演唱方式的理解。

"我不同意李欣同学的观点,我们所欣赏的歌剧选曲都是中外歌唱家用高超的美声或民族唱法演唱的,这不是一般的'歌星'所能企及的。"班长王童的发言让老师对这位只有十五岁的小姑娘不得不刮目相看了。多么有水平的发言啊!"歌唱家"与"歌星"是两个截然不同的概念,彼此的含金量可谓天壤之别。

"我同意王童的观点,我爸爸毕业于上海音乐学院声乐系,他曾经对我说,演唱歌剧必须掌握高超的声乐技巧,没有十年的磨炼是上不了舞台的。"

"我不同意。难道会唱几首歌曲要花费十年的功夫?这不是天方夜谭吗?难道我们也要花十年的时间才能将音乐课本中的几首歌曲唱会?"全校"十大舞星"之一的李军同学全力驳斥刚才朱兰同学的"十年磨一剑"的"理论"。

此时课堂气氛似乎进入了白热化,同学们我一言你一语,各不相让,酣畅淋漓地表达自己的观点。有的观点好像不是他们这个年龄段所能表达的,真感到后生可畏。

老师这时示意大家"休战片刻"。

"同学们,刚才你们的发言都十分的精彩,为了更好地帮助大家理解歌剧演唱的方式,我们再聆听一段由著名歌唱家帕瓦罗蒂演唱的'冰凉的小手'"。

随着碟片的转动,帕翁那金属般的男高音似乎穿透了教室的门窗。同学们的热忱又进一步高涨起来。

"太棒了!能唱那么高啊!太伟大了!不愧为世界一流的超级男高音!"

"我不喜欢,高音太吵人了。这样唱,身体怎么吃得消呢?"

帕翁的最后一个音刚唱完,同学们的议论声就此起彼伏了。

我们生活在一个信息时代,各种传媒对同学们的影响是难以估量的,但真正具有艺术水平的歌剧作品却能穿越时空,带给人们以美的永恒的享受。帕翁的演唱虽不能说人人喜爱,但其所具有的歌唱艺术魅力,却是文明的人们所不能忽视的。

此时,老师感到有必要向同学们陈述一下自己的看法。

"同学们,歌剧演唱是一项非常崇高的艺术,它要求演唱者或表演艺术家有扎实的声乐演唱技巧和良好的身体素质,两者缺一不可。"老师的话未讲完,"舞星"一下子站起来:"老师,我只听说过唱歌需要好的声带条件,却不知道唱歌与身体素质有何直接关系,老师,你能不能讲得仔细一点?"

"李军同学的发言很有见地,老师下面就你提出的问题展开说明。"

老师和颜悦色地示意李军同学坐下。

"同学们,我们从刚才帕瓦罗蒂演唱的'冰凉的小手'可以看出,这首咏叹调音域很宽,最高音达到小字三组的C,即high C,这是衡量一个歌唱家歌唱功力的一个重要标准。要唱好这个高音,必须要有足够的肺活量的支持,强有力的丹田扩张力量,试想一下,如果没有健康的体魄能行吗?如果我们中间哪一个感冒发烧来让他唱歌,他能把歌唱好吗?大家可能都有这样的体会吧。"说到这,老师看到李军同学不断地点头称是,看来老师的这段话解开了他心中的谜团。

"那为什么,歌剧中只有美声和民族唱法,却没有我们喜欢听的通俗唱法呢?"李欣同学瞪大了一双明亮的眼睛,蛮像学者一般煞有介事地提出问题。

"李欣同学的看法有一定的道理,就歌唱方式来说,应该不拘泥于某一种唱法。但任何事物都有它产生的时代和背景,就通俗唱法来说,它在20世纪70年代后期才传入我国,其代表人物有邓丽君、张明敏、费翔等人,而《洪湖赤卫队》、《江姐》均产生在20世纪60年代,那时候,国门尚未打开,中国舞台上还没有通俗唱法这一演唱方式。当然,随着时间的推移,也有可能进入歌剧表演的行列,我们共同期待着。"

"老师,为什么听王玉珍老师演唱的'洪湖水,浪打浪'那么亲切悦耳,而听戴玉强演唱的'今夜无人入睡'又那么令人激动?"

多么有见地的认识,老师心头一热。

"同学们,中国歌剧传统上采用的是民族唱法,民族唱法最突出的一点就是要求演唱者感情真挚,语言清晰流畅,再加上中国歌剧的旋律无过多的临时升降号,符合国人的欣赏心理与欣赏习惯,所以听起来就格外的亲切。而王玉珍老师恰如其分地掌握了中国民族唱法的真谛,将《洪湖赤卫队》中的韩英的每一个唱段都演绎得十分的精彩,难怪敬爱的周总理生前最喜爱的抒情歌曲就是'洪湖水,浪打浪'。就民族唱法的发声位置来看,其发声位置在口腔的靠前部位,后咽壁的打开不及美声唱法那么大,当然,这只是相对的。戴玉强是美声唱法的优秀代表,他所采用的是较为纯正的意大利美声唱法,而美声唱法起源于17世纪的欧洲,其演唱特点是在横膈膜扩张的有力支持下,充分打开喉咙,垂直地拉下颌关节,使咽壁有力地立起,从而使声音位置较为靠后,使其具有金属般的穿透力,这是美声唱法与民族唱法一个很大的区别。另外,中外歌剧在语言运用上也不尽相同,中国歌剧一般采用标准的汉语音,而外国歌剧一般都采用原文演唱,最常用的语言有意大利语、法语、拉丁语。通俗唱法,是一种较为'随意'的演唱方式,它对演唱的技巧要求不是很高,但也必须要有良好的乐感和节奏感。所以三大唱法各自都有其演唱特点,我们不能偏颇地认为哪一种唱法就一定高妙一些,应该说它们都是艺术领地里不可缺少的品种。"

"老师,我认为歌剧中有些唱段也可以用通俗唱法演唱,这样听起来不就更好、更丰富了吗?"

"你说得不错,今后歌剧发展的方向完全可以将通俗唱法融入其中。据媒体介绍,2003年北京某剧院排练新编歌剧,就邀请了第十届全国青年歌手电视大奖赛通俗唱法一等奖获得者徐扬加盟演出。可见,通俗唱法在歌剧的领地里完全有它的一席之地。"小博士李欣完全同意老师的看法。

一节课的时间太短暂了,为了让大家更好地领略三大唱法的演唱特点,老师准备了"星光灿烂"、"峨嵋酒家"、"青藏高原"三首用三种演唱方式演唱的声乐作品奉献给全班同学,无疑引来了同学们潮水般的欢呼声和掌声。

【案例评述】

歌剧演唱是艺术领地里一株高雅的奇葩,说实在的,要让初中生真正领会歌剧的演唱真谛是不太现实的,就目前学生的认知能力,他们也只能从浅层面去欣赏歌剧。坦率地讲,这方面我们老师也有很多值得学习的领域。本活动设计尽可能用较为轻松、民主的方式让同学们畅所欲言地谈及自己的认识或感想,老师用较为科学的讲述或示范来阐述中外歌剧的演唱特点,其效果比简单地放录音片段要好得多。这也是笔者所感到欣慰的。

(深圳市南山区育才二中 郭一民)

多姿多彩话说唱

【设计理念】

在我国多民族艺术的百花园里，说唱艺术（也称曲艺）是一朵独具特色的奇葩，散发着乡土的芬芳。然而，现在的中学生对曲艺作品大都比较陌生。为了使说唱艺术这一民族瑰宝传播下去，使学生能从中吸取独特的艺术营养，认识民间艺术的审美特性，体会艺术与生活的联系，丰富生活情趣，师生共同创设出这一课题。

本课以激发学生的学习兴趣为主，注重发掘学生资源，充分调动学生的积极性，利用现代信息技术与其他方式，搜索有关曲艺的资料。因为这种过程本身就是在学习，而且是一种主动的学习。同时曲艺作品的分析难度较大，也不要求学生做出准确的答案，重点评价学生的参与程度。

【活动目标】

1. 介绍与引导：教师适当介绍一些简单的说唱艺术形式，引导学生从喜闻乐见的相声到了解其他种类的说唱艺术。

2. 探索与表现：学生用各自喜爱的方式去探索与表现曲艺，丰富生活情趣，体会艺术与生活的关系。部分学生尝试表演，大家共同探索与发现说唱艺术的特点。

【活动准备】

1. 师生搜集有关曲艺的资料（文本、自制课件、当场上网查询有关资料），准备与大家共享、讨论。

2. 师生共同准备有关音像资料与教具。

【活动过程】

1. 创设情境"我能行才艺展"（5分钟）

要求学生：

（1）以上一次课内容《秀色江南》为主要素材，学生单个或组合，用自己喜爱的方式"露一手"。

（2）表演者必须与大家亲切地"打声招呼"，可以用有声语言、用动作，也可别出心裁用自己的方式，不强求一致。

教学实录：

七位女孩着装整齐，一排站着。她们的代表与大家"打招呼"的方式是问同学们三个小问题：曲名？哪里的民歌？你会唱另一个地方的《茉莉花》吗？

一曲优美的《茉莉花》赢得了阵阵掌声。许多同学抢先回答了歌手们的问题。在教师的启发下,几种《茉莉花》的旋律在教室里回荡,讲台上下对歌似的不相让。当然,表演者中个别女孩手足无措。

教师及时鼓励与评价,学生相互评价。表演者自信地坐回座位上。同学们情绪高涨。

2. 承上启下,导入新课

师:大家知道,艺术是个大世界。刚才同学们看到的节目是用人声唱出来的音乐,叫(等学生回答)——(声乐)。请看大屏幕。

课件呈示出评弹片段:蝶恋花。答李淑一。

教师引导学生小议后,学生说出:弹词是一种由演员自弹自唱的演唱形式,盛行于我国江南一带,如苏州弹词、扬州弹词、长沙弹词等。弹词常用的乐器有三弦、琵琶、月琴等。

师:弹词是曲艺的一种。曲艺的范围很广,包括许多表演形式。有的只说不唱,有的有说有唱,有的边弹边唱。你见过吗?想想,还有哪些?

同学们相互小议后,课件呈示出课题——"多姿多彩话说唱"。

3. 教师引导,提高学生兴趣

教师简介几种说唱艺术形式(课件),再让学生自己展开话题。

4. 学生活动,面向全体学生

学生利用信息技术与其他方式,将自己搜集的有关曲艺的资料(文本、自制课件、当场上网查询有关资料),与大家共享、讨论。教师与学生在交流感受的基础上,选择大家都喜爱的相声进行学习。

5. 教学重点:欣赏与分析(相声作品)

根据课堂呈现的音像资料,认真分析几段相声片段。

师:相声,曲艺的一种,是中国特有的,以引人发笑为艺术特色,以说学逗唱为主要艺术手段的喜剧性的语言艺术。一般用北京话讲,也有用当地方言说讲的相声(课件:进一步说明)。

师:你所知道的相声表现形式有哪些?

学生回答(略)。

课件呈现:三种——单口、对口、群口。

师:对口相声最为普遍。我们熟悉的相声演员与曲目有(与孩子们一起数)——

教师建议分小组比赛。

学生活动:许多孩子排队上黑板快快写。教师鼓励孩子挑出所写一、二来说,或演,或用自备的资料说明等。

6. 表现与创造,灵感互相碰撞

学生用自己独特的方式表现。一位女生不到三分钟,画有肖像的小黑板挂出,立即引起全班同学及听课教师的轰动。她画出了一幅马三立的肖像,惟妙惟肖。女生将马三立的两只耳朵画得一大一小。大的一只特别夸张。

师:这画怎么样?

学生们评价、提问。听课教师中,美术教师的话最具权威,给予女生极高的评价。

师生共同引出问题并讨论:

(1) 马三立前辈的表演艺术特点是什么？
(2) 如何抓住人物特点来绘画？
(3) 漫画与相声之间有何关系？

接着，另两位女生即兴创编了一段相声：一个用湖南家乡话讲，一个用普通话讲。两个人有说有唱，原来唱的是《小草》，朗诵的是徐志摩的诗。夸张的表演引得全班同学个个笑得直不起腰。

少数学生的表演，激发了更多同学的表现欲望（生生互动）。

三个男孩与一个女孩的相声表演更具特色：模仿老师抓教学常规——上课铃声后，师生相互问好时注意"面部表情、站立的姿势、轻松而安静的氛围等"。模仿真的很逗！原来，他们即兴合伙"讽刺"我这个艺术教师的严格。

师：这个相声的内容就取材于我们的身边，今天为何这样搞笑？

学生：太像又太夸张了！

师：艺术与生活的关系怎样？（学生讨论。）

师：他们原来是借"讽刺"鼓励老师的，老师好开心哦！

7. 知识归纳：学生相互答辩

教师启发孩子们自己提出问题，自己解决问题，自己上黑板板书：

相声的构成要素

相声的表现形式

相声的取材

相声的语言特色、结构

传统相声与现代相声的差异

……

8. 转变角色：挖掘学生资源

师：相声是很逗的一种曲艺，同学们还知道哪一种很逗的曲艺形式吗？可以介绍给我们吗？

两位同学向我示意：可不可以离开座位，我点了头。于是，只见一个钻到讲台下，另一位同学站在讲台前，将粉笔弄碎往自己鼻梁上抹，然后问女生要发卡，一朵小花别在了短短的头发上。课堂顿时一片雀跃。

他清了清嗓子，又"练了练声"，坐了下来：大家好！我们班一位同学今天过生日，我本来想为他唱首歌，可你们瞧，我嗓子不行。那，我来指挥大家为这位同学唱一首《祝你生日快乐》。于是，快乐的生日歌从在座的每个人的口中欢快地唱出。

原来，他们表演了一段双簧。

教师请同学们分析双簧的特色时，大家争执不下。在老师的建议下，这两个表演者又成了"临时教师"，并边说边演边回答同学。他们占领了讲台，引得课堂上笑声不断，老师被"挤"到了同学堆里——笑声窝里！

下课了，欢乐的笑声仍然回荡在教室上空。

【案例评述】

这是一堂生动而快乐的艺术设计活动课。教师的机智与学生们出色的表现，使课堂呈现出了五彩的缤纷，让每个学生都感到学习的愉悦。教师放下架子，与孩子们共同创设民主、宽松的学习环境。教师与学生此时不是教与学的关系,而是一种学习共同体:共同探讨、共同体验、共同快乐。教师注意发挥学生的主动性,注重调动不同学生的不同生活经验,让自主性学习贯穿教学的全过程,让学生在表现时有更多的艺术形式可以选择。我们不难发现:"学生的想像力、创造性是惊人的,重要的在于要尊重学生、相信学生,让他们有机会充分地开掘、展示他们的潜能。"

(北京师范大学深圳南山附属中学　李春湘)

迷人的探戈

【设计理念】

《迷人的探戈》这一课是教师在开发《进行曲介绍与欣赏》等一系列校本课程中自编、自导的又一堂艺术课。本课强调教学中的"双主体"互动关系,以及学生体验性、探究性、生成性和反思性的学习过程,注重以学生为主体,恰到好处地进行引导。通过课前网上自主的学习,学生对探戈及其他的多元文化有一个比较全面的了解、认识和感受,并通过实践在艺术课堂上进行综合性地表现。在教学过程中,我力争体现新课程要求的以学生为主体的教学理念,让学生在自由宽松的氛围中愉快地学习。

【活动目标】

1. 通过欣赏《我的太阳》、《自由的探戈》等乐曲,使学生掌握什么是探戈舞曲,探戈舞曲的节拍、节奏、情绪以及它的种类和特点等。

2. 师生互动,学跳探戈,让学生亲身感受探戈的魅力。

3. 尝试运用舞蹈、器乐、表演、美术等多种艺术形式表现探戈,提高学生的艺术表现能力。

【活动准备】

1. 师生收集与探戈相关的资料。

2. 教师准备教学课件、磁带等。

3. 学生准备美术用具等。

【活动过程】

音乐导入,渲染气氛。在意大利歌曲《我的太阳》音乐声中学生步入教室,感受探戈舞曲的节奏和情绪。

师:提起阿根廷,凡足球爱好者,都知道那里有个博卡俱乐部,而舞蹈爱好者对阿根廷的探戈推崇备至。那么,探戈起源的历史背景是怎样的?老师想检验一下本周来同学们自主学习的情况。哪位同学回答?

生1:19世纪阿根廷的一条不起眼的港口"小路"上诞生了探戈。当时,大批非洲、北美洲和欧洲的移民形成了一个特殊的外来社会群体。由于社会地位的低下,生活的不稳定,使他们靠酗酒、歌唱、跳舞来发泄对社会的不满,阿根廷探戈是在这种特殊环境下产生的一种特殊的艺术形式。

生2:"小路"也被公认为探戈的发源地。正如斗牛代表了西班牙一样,探戈是阿根廷的代名词。

同学们对他们的回答报以热烈的掌声。这时,老师将阿根廷探戈的图片课件用投影播放出来。

师:什么是探戈?

生1:布宜诺斯艾利斯"国家探戈学院"说的这句话就很贴切:"探戈就是跳出你的忧伤思绪"。

生2:一名探戈诗人说道:"探戈对一对爱侣来说是世界上最美的舞蹈。"

师:就目前而言,探戈经过一两百年的发展,越来越被人们所喜爱,已被纳入了体育舞蹈的行列,是人们健身、交友的一种舞蹈形式。哪位同学了解探戈大师皮亚左拉?

一阵沉默,看来学生对这位探戈大师不甚了解。

师:皮亚左拉生于阿根廷,成长于美国,在美国受到了良好的音乐教育,其手风琴演奏技巧举世无双,他不仅能将手风琴时而柔美、时而荒诞的戏剧性张力发挥得淋漓尽致,亦擅长在作品中巧妙融合探戈特有的强烈节奏与旋律中连绵不绝的抒情段落,为乐曲留下余韵无穷的即兴空间。他在去世五年之后才得到人们的认可。

播放课件并欣赏有关皮亚左拉的图片和他创作的一首《自由探戈》的音乐。

师:同学们边听边思考:它是什么节拍的?节奏是怎样的?

节奏鲜明的探戈节奏一出来,同学们马上就和着节拍打起了节奏,不由分说,同学们抢着回答了老师的思考题。

生:老师,这是一首2/4拍的舞曲。

师:(播放课件)探戈的节拍:2/4或4/4拍,每一拍均为重拍,一般来说,奇数拍比偶数拍稍重,中速稍慢,突出切分音。下面我们欣赏一段探戈舞蹈,希望同学们结合前面的音乐,说出探戈的特点。(播放探戈舞蹈的VCD。)

潇洒豪放的探戈舞蹈使学生及听课的老师们耳目一新,精神为之一振,马上有学生举手说出了探戈的特点。

生1:探戈集舞蹈和音乐为一体,舞步刚劲挺拔、旋律独特、富有动感、节奏鲜明、色彩华丽。

生2:探戈音乐时而激越奔放,时而如泣如诉。

老师和同学们报以热烈的掌声。

师:探戈所表现的情绪是什么呢?

生1:它表现一种热烈的情绪。

生2:探戈总给人一种很严肃的印象,好像有一种忧伤。

老师肯定了这两位同学的发言,用课件继续补充了这个问题:探戈大师皮亚左拉描述探戈有"昏睡"、"爱恋"、"焦虑"、"恐惧"等几种情绪。探戈的情绪大多为哀伤、惆怅、沉静内涵而不热烈宣泄,当然,现代探戈也有表现热烈欢快情绪的。

师:探戈不仅仅是一种舞蹈,更是一种深沉、蕴藏无穷内涵的音乐,它是阿根廷人的灵魂。关于探戈的种类,还有谁了解呢?

生:探戈分为西班牙式、意大利式和英国皇家式三种。

师:英国式探戈即为现在的国际标准式探戈。它自始至终都保持着一种神秘的色彩,它有什么特点呢?

生:老师,国标式探戈音乐抑扬顿挫、刚劲有力,令人热血沸腾。舞步畸形怪异、摇头顿足、欲进还退,雄赳赳气昂昂,舞蹈风格充满着豪迈的精神。

同学们和听课的老师都为她精辟的概括鼓起了掌。

师:看来,同学们对探戈的了解还真不少。探戈是阿根廷的一门综合艺术和文化现象,但它更是阿根廷的一种产业文化。目前,阿根廷在世界各地共设有25个"探戈节",全世界学探戈的人超过了4亿,人们常说:"阿根廷有两双引以为自豪的国脚,一双用来踢足球,一双用来跳探戈。"这一点就足以说明探戈的魅力是无穷的。下面请同学们用不同的艺术形式来表现探戈。

话音未落,同学们马上行动起来了,各组派出了学生代表由主持人安排开始了活动:有的弹奏钢琴,有的拉手风琴,有的在黑板上画起了探戈舞蹈的简笔画。最热闹的就数付迪和郑明华的探戈舞表演,只见他们时而摇头顿足,时而轻松旋转,配合得天衣无缝,同学们向他们投去十分羡慕的目光。看来本周他们没少下工夫。

一阵掌声后,同学们个个想上场,跃跃欲试。老师趁热打铁为学生做示范,讲解探戈的几个基本动作和要领,并叫上来几个男女生示范。开始个别同学有点害臊,扭扭捏捏不肯上来。出于无奈,总算上来了几对。不一会功夫,大家都学得像模像样了。也许是探戈舞蹈本身的魅力,也许是探戈音乐的感召力,旁边的听课老师在学生的影响下,也落落大方地走上来,随着音乐翩翩起舞,课堂上出现了师生互动、生生互动、师师互动的热闹场面。

这堂课在优美的探戈舞曲中落下帷幕。大家离开教室时感到意犹未尽。

【案例评述】

这是一堂生动的艺术课,学生的参与意识、探究精神及表现创造都得到了极大的发挥。体现了"以学生为主体,教师为主导"的新课改教学理念,在创设教材方面,教师根据自身的素质与学生的可接受性,拓展教学思路,师生共同开发课程资源,大胆设计教学,创设课堂。

整堂课在愉快的气氛中学习、体验、探索,将学习与实践推向高潮,增强了学生的自信心,激发了学生的表现欲望,并以认真乐观的态度学习和领悟探戈及探戈文化。

(北京师范大学深圳南山附属中学 张湘闽)

黄河——母亲河

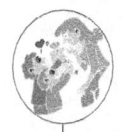

【设计理念】
　　改变传统的、过于注重传授知识的教学模式,让学生通过网络学习了解和体验黄河,并从中获取音乐知识及综合知识,培养学生爱人民、爱环境、爱祖国的高尚情操。

【活动目标】
　　1. 以"黄河知多少"为题,引导学生们在网络世界中寻找、探索、获取知识,培养学生获取信息的能力。
　　2. 引导学生互动,开阔学生的视野,提高学生表现歌曲《黄河大合唱》的能力。
　　3. 引导学生从不同的角度去了解黄河、热爱黄河、保护黄河,增强学生的爱国之情。

【活动准备】
　　上课前一周要求每位同学到网上、图书馆去查找有关黄河的知识、内容,并做好记录,准备交流。

【活动过程】
　　1. 介绍《黄河》,孕育情感
　　老师首先在黑板上放一张中国地图,让同学们在上面找到黄河的位置。马上有几位同学举手,一位同学在地图上很准确地画出了黄河。
　　这时,很多同学都想说,他们也知道黄河的情况,还知道很多有关黄河的知识呢!全班同学都争先恐后地发言。老师可以把全班分成两个大组,看哪个组回答的问题最多、最快,而且准确。

　　师:黄河流经哪几个省?
　　第一组:有青海、四川、甘肃、宁夏、内蒙古、陕西、山西、河南、山东共9个省。
　　师:对吗?
　　生:(异口同声)对!
　　师:黄河是中国的第几大河流?
　　第二组:第二大河。
　　生1建议:我们互相对问,如果回答不上来,就到讲台上唱歌。行吗?
　　这一提议得到赞同,活动开始。
　　第一组:黄河有多长?你们知道吗?
　　第二组:知道,全长5464公里。

第二组：黄河的发源地在哪儿？

第一组：青海的巴颜喀拉山西段北麓卡日曲河的涌泉。

"那流入哪里呢？""渤海。"就这样，两个组的同学们你问我答。

生2：黄河中有大量的泥沙主要都从哪里来的？谁知道？

生3：我知道，是从黄土高原上流入的。黄河有"黄水一石，含沙六斗"的记载。这些泥沙如果用四吨的卡车来运，每天运一次，要110万辆卡车运一年。

同学们认真倾听，老师适时引导，指引同学们看地图。

生3：（继续）黄河自青海流出后，就注入黄土高原，由于黄土高原上都是些荒山秃岭，草木稀少，所以一到雨季，大量雨水便冲刷山头，把大量的泥沙带进了黄河。

师总结我们要保护母亲河啊！不能在黄河两岸的山林中乱砍伐树木。以免造成大量的水土流失。我们要爱护环境，保护山林。无论哪里的山、林、水都要爱护和保护。你们说是不是啊！

2. 聆听《黄河》，激发情感

老师播放《黄河大合唱》中《保卫黄河》一曲。学生们有的仔细听，有的小声随着哼唱，也有的不停地打拍子。听过后同学们介绍该曲的相关资料。

师：我婉转地有关黄河的知识有很多很多。我们今天是说不完的，下节课老师再给时间让同学们说，好吗？

师：今天，《保卫黄河》，保卫母亲河是我们中华儿女的神圣责任，义不容辞。

音乐又响起了，同学们看着黑板上的歌词和歌谱，每个人都随着音乐认真地唱。"风在吼，马在叫，黄河在咆哮……"注意节奏要准确。老师听着同学们的歌声，不断地表扬他们。"黄河在咆哮，黄河在怒吼……"当年黄河上的船夫们是怎样在惊涛骇浪中度过的呢？再把《黄河船夫曲》播放出来请同学们听："嗨哟！划哟！划哟！……乌云哪！遮满天，波涛啊！高如山……"

3. 解读《黄河》，升华情感

老师引导同学们听乐队演奏的气势，听过后在黑板上出示：

第一部分：旋律（高亢）节奏（紧促）力度（较强）速度（较快）

第二部分：旋律（平稳）节奏（舒展）力度（减弱）速度（稍快）

第三部分：旋律（高亢）节奏（紧促）力度（较强）速度（较快）

同学们在黑板上填空，老师让同学们继续发表看法。

生4：老师，我认为这是一首黄河船夫们与风浪搏斗的情景及画面。

生5：也是中国人民不屈不挠的奋斗精神。中华儿女为有黄河而感到自豪和骄傲。

师：（表扬两位同学。）同学们，船夫曲是吸取了民歌中船工号子的音调，所以叫劳动号子。

4. 创造《黄河》，表现情感

在劳动中，创造音乐，创造情感，给人以无限的力量。老师启发同学们用手中的吹奏乐器、打击乐器来表现对黄河上船夫们的赞美之情。同时，引导学生用动作表现船夫们与黄河的惊涛骇浪搏斗的情景。

同学们唱道："嗨哟！划哟！划哟……"老师请出男同学来唱。"乌云哪，遮满天，波涛啊！高如山……"用吹奏乐器表现，后面再加入打击乐器。一遍表演下来，老师引导和鼓励同学们:"划船时是什么样子的?大家齐心干活时应该怎样?"老师小声播放音乐,同学们有的吹奏牧童笛,有的吹奏口风琴,有的加入打击乐器,有的表演,有的划船,还不时地喊唱:"嗨呦!划呦!划呦……"老师引导孩子们在创造音乐中很好地表现情感,充分展示创意。

师:同学们,你们今天的收获很大啊!《黄河大合唱》还有六首歌曲没有给同学们展示。如果同学们喜欢黄河,热爱母亲河,我将会找时间给你们继续欣赏黄河、介绍黄河。

【案例评述】

周老师的这节活动设计以发展学生的综合素质为本,将学生置身于寻找、热爱、保护、振奋的情景之中,通过网络让孩子们寻找知识,通过活动让学生理解音乐,表现音乐,积淀学生的音乐素养。本设计的突出点就是引导学生热爱伟大的祖国,热爱母亲河——黄河,从而丰富了学生对歌曲情感的表现力,效果很好。

【资料链接】

1. 人民音乐出版社音乐教育编辑室主编:《九年义务教育六年制音乐(五线谱)五年级第十册》,人民音乐出版社,2002年版。

2. 中国中学网 http://www.chinahighschool.net

(深圳市南山区西丽小学 周 墨)

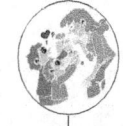

黄河的故事

【设计理念】
　　本教学活动设计将黄河的故事用《流亡三部曲》三幕音乐剧的形式表演出来,是为了将其他艺术表现形式有效地渗透和运用到音乐教学中来,以激发学生的学习兴趣和表现欲望,培养学生对音乐剧探索的主动性和积极性。

【活动目标】
　　1. 能与同学一起演唱本课的四首歌曲,体验歌曲所表达的感情。
　　2. 能根据音乐剧的表现手段和艺术特征,与小组同学一起,对三幕音乐剧中的一幕进行编导设计并表演出来。

【活动准备】
　　1. 制作教学课件,范唱磁带。
　　2. 准备好红、黑、灰三种颜色的纸条。

【活动过程】
　　1. 观赏《音乐之声》片段,了解音乐剧
　　(1) 放《音乐之声》片段。
　　教师:这是哪一部艺术作品里的片段?它具有怎样的表现手段和形式特征?
　　学生:这是《音乐之声》的片段,具有舞蹈、音乐等表现手段。
　　(2) 教师介绍音乐剧:音乐剧诞生于19世纪中叶的美国,经过半个多世纪多方位的探索,逐步达到了音乐、舞蹈、戏剧的有机结合,到20世纪中期已成为一种独具魅力的戏剧演出形式。概括地说:它是以简单的、独特的、有吸引力的情节为支撑,以演员的戏剧性表演为根基,使音乐、舞蹈得以充分发挥其潜能,并把这些因素有机融为一体的艺术。音乐剧在美国诞生成长,它以极富时代感的艺术形式和浓烈的娱乐性,正成为世界各国观众都喜爱的表演艺术。
　　(3) 引出新课教学内容(屏幕显示)《流亡三部曲》内容、时间、场次、人物、音乐等。
　　教师:今天这节课,我们也来尝试表演一部短小的音乐剧。请大家看屏幕,了解我们要表演的剧目名称、内容、时间、人物、场次及音乐。
　　2. 熟悉音乐剧的音乐素材
　　(1) 屏幕显示《黄水谣》的歌曲,师生欣赏。
　　教师:表演音乐剧必须要有音乐,首先让我们一起熟悉一下相关的音乐。
　　《黄水谣》选自《黄河大合唱》的第四乐章,屏幕显示出黄河大合唱的八个乐章,是由冼星海作曲。冼星海祖籍广东番禺,出身于澳门贫苦船工家庭。1931年考入巴黎音乐学院,在肖拉·康托鲁姆作曲班学习。留法期间,创作了《风》、《游子吟》、《d小调小提琴奏鸣曲》等十余首作品。1935年回国后,积极参加抗日救亡运动,创作了大量战斗性的群众歌曲。1935年至1938年间,创作了《救国军歌》、《只怕不抵抗》、《游击军歌》、《路是我们开》、《茫茫的西伯利亚》、《祖国的孩子们》、《到敌人后方去》、《在太行山上》等各种类型的声乐作品。

（放录音听赏歌曲。）

教师：同学们,听完这首歌曲,你认为可以分为几段？我这儿有三种颜色的彩色纸片,你能用这三种彩色纸片表现各段音乐的感受吗？有红色、灰色、黑色。选好后告诉老师为什么要选用这些颜色。

学生：红——灰——黑,因为第一段是描述黄河两岸人民依靠自己的勤劳勇敢创造美好家园的情景,及成功后的喜悦。所以选红色。第二段曲调缓慢低沉,由悲痛的呻吟逐步推向愤怒的控诉。所以选灰色。第三段是第一段的不完全再现,以悲凉凄楚的曲调痛诉了日本侵略者给中国人民带来的深重灾难。所以选黑色。

教师：答得非常好,所以同学们,你们要珍惜现在来之不易的幸福生活啊。现在我们来跟着录音学唱歌曲。

（2）屏幕显示《河边对口曲》的歌曲,师生欣赏。

教师：歌曲表现了什么内容？你能试试用图形表现其演唱形式吗？

学生：歌曲描写了两个老乡相遇在黄河边互相倾诉的内容。其中有对唱、重唱、合唱。（学生画出了一些图像来代表演唱形式。）

教师：刚刚这位同学回答得很好,而且他用不同的图形代表了其不同的演唱形式,并用得非常恰当。现在我们来跟着录音学唱歌曲。

（3）屏幕显示《在太行山上》的歌曲,师生欣赏。

教师：歌曲分几个部分？各部分音乐有什么特点？

学生：歌曲分两个部分,第一部分比较抒情,第二部分带有进行曲的风格。

教师：不错,这个同学回答的很好,能一下抓住重点,而且还说出了第二段是运用了进行曲的风格,这一点是最值得表扬的。现在我们来跟着录音学唱歌曲。

（4）屏幕显示《松花江上》的歌曲,师生欣赏。

教师：张寒晖(1902—1946年),作曲家、戏剧家。原名张兰璞,河北保定人。1925年考入北京艺术专门学校戏剧系学习。毕业后,在北京、西安等地从事教育、戏剧及报刊编辑工作。1941年去延安,历任陕甘宁边区文化协会秘书长、戏剧委员会委员等职。业余时间进行音乐创作,写下了秧歌剧多种及歌曲五十余首。他的歌曲绝大部分是自己作词,其中流传最广的有《松花江上》、《游击乐》、《去当兵》、《为什么要悲伤》、《纸之歌》,以及根据陇东民歌改编的《军民大生产》等。

（放录音听赏歌曲。）

教师：歌曲表达了什么样的内容及情绪？与前面所学哪首歌有相似之处？

学生：歌曲主要是说自己的家乡东北有着丰富的物产,但日本的侵略给东北人民带来了深重的灾难。

教师：请坐。回答得很好。这首歌曲的结构是带尾声的二部曲式。具有倾诉性、叙述性兼抒情性的特点。歌词内容有很强的说服力,真切感人。第一部分由两个乐段组成,每一段又都由三个乐句构成。这一部分的音调富于叙事与抒情的特点,倾诉着自己的家乡东北,有丰富的物产,还有自己的爹娘。第二部分的旋律以环回萦绕、反复咏唱的方式得到了展开,感情越来越激动,具有回肠欲断的效果。这部分以呼喊似的音调,悲愤的情绪,控诉日本帝国主义入侵东北后的滔天罪行,表达了东北人民要求收复失地的强烈愿望。最后的尾声,唱出了呼天唤地似的旋律,使歌曲达到了高潮。在声泪俱下的悲痛中,蕴藏着要求起来反抗、斗争的力量。现在我们来跟着录音学唱歌曲。

3. 音乐剧剧本的即兴创编

教师:前面大家所学的四首作品,是我国过去那段沉痛历史的见证。接下来,请同学们以四首歌的内容为素材,以张老三和王老七为人物原型,即兴创编音乐剧《流亡三部曲》。

学生开始思考,然后即兴创编剧本。介绍创编剧本,并在班上进行交流,大家共同研讨。

4. 音乐剧的编导设计

将学生分成三组,请学生做编导,按屏幕上的编导设计提示和呈现的剧本内容,将音乐剧分三幕设计,每组完成一幕。并点评学生各组设计方案。随之学生互评,提出修改意见及建议。

教师:音乐剧的编导暂告一段落。下课后,请各组组长带领大家按设计方案进行排练,并准备好服装道具。班干部负责完成剧务组的工作。

【案例评述】

在本活动设计中,教师给了学生一个展示个性及创作才能的编导设计空间,在了解故事大纲和音乐素材的基础上,让学生即兴创作剧本并合作编导,从而鼓励学生大胆、自信地将自己的创作能力充分表现出来,调动了学生的学习积极性,收到良好的教学效果。不仅如此,学生还在创编中对特定的历史背景理解得更为透彻,受到了深刻的教育。他们谈到:"我确实感受到音乐剧不仅仅是一种娱乐,在经历大浪淘沙后,它具有了一种永恒的魅力,能让历史的回忆在听众心中不断浮现,让人真正体味到历史的力量。""我感受到了那个特定的时期蕴藏在学生中的爱国热情,我想这种热情是不会随着时间的流逝而消亡的,它已经成为音乐本身的一种内涵,伴随着音乐从过去走到现在,也一定会从现在走向将来。"而课后实践性的排练,是一个动脑、动手、动口的再创造过程,充分发挥了学生的主动性、创造性,既锻炼了学生的综合能力,又帮助个别学生克服了胆小、自卑的心态,有效地培养了学生的自信心和团结互助精神。经过"认识—创作—编导—表演"的过程,生动形象地再现了全国军民的抗日激情,使学生从感性与理性的不同层面,从兴趣与能力的双向培养中获得了求知的愉悦,使学习成为一种主动的意识,一种自身的需求。

【资料链接】

1. http://www.diyimusic.com/mingren/mingren.htm
2. http://chinamusical.net/index.asp

(深圳市南山区荔香中学　张晓琴)

牧童之歌

【设计理念】

　　新《音乐课程标准》中要求,在课堂教学的进行中学生是学习的主人,教师则是学生学习过程中的引导者,打破了传统的教师一人"独霸课堂"的局面。师生关系从而转变为平等、合作、互动的关系。本活动设计努力让学生成为音乐课上的主角,使其"完全"地参与到音乐实践活动中去,与教师一同学习、互动、探究并总结从音乐中得到的知识,让学生对音乐建立起更为独立、较为广泛的认知能力。

【活动目标】

　　1. 通过聆听与表演,让学生感受两种不同的音乐风格所塑造出的两种各不相同的牧童音乐形象,把学生引入音乐多姿多彩的塑造魅力中。

　　2. 通过学生的亲身参与来训练他们与所表现的音乐的情感相统一。这不仅要求学生要对音乐理解,还需要他们有丰富的创造性思维、表现力,能以足够的兴趣与胆量来展现自己所理解的音乐。

【活动准备】

　　上课前一天要求学生复习上节课所学的歌曲,并为歌曲创编几个动作,锻炼自己的表现力,表演给家长看。

【活动过程】

　　1. 我唱的歌

　　通过录音的方式复习歌曲《剪羊毛》,让学生聆听自己演唱的歌曲,在自己的歌声中找出优劣之处并加以改正。

　　(1) 歌曲《剪羊毛》——听。

　　教师:首先,我们一起来听一遍上节课学过的歌曲《剪羊毛》,通过"听"来帮助大家复习和回忆这首歌曲。

　　(2) 歌曲《剪羊毛》——唱。

　　教师:听完之后,相信同学们已经迫不及待地要来展示自己的歌声了,现在老师就把你们的歌声录下来,让你们也当一次小歌星。(孩子们都很激动。)

　　教师:在开始之前老师提醒你们,录音时要学会合作,共同来完成这首歌。在录音之后老师会让你们听你们自己唱的歌,让你们自己来说说你们唱得好不好,为什么,应该怎么。(进行演唱录音。)

　　(3) 学生评价自己的歌声并再次演唱。

放录音的同时学生们在笑。

教师：你们为什么笑呀？

学生：老师，不好听。

教师：为什么不好听？

学生1：有的地方唱得不一样，很乱。

学生2：还有人在喊！（部分学生附和。）

学生3：我听到王鹏的声音了，他的声音好大，还走音……（笑声）

（让学生自己发现存在的问题。）

教师：这是因为你们太想表现自己而没有掌握好唱歌的方法，如果你是想压倒别人的声音，那你就要"喊"，这样就不好听了；还有些同学的节奏不好，把歌词分配得不合理，所以会出现不整齐的效果。歌曲的节奏是需要你们唱歌的同时听着音乐、和着伴奏一起来完成的，要时刻检查自己的歌声与音乐的配合，千万不要与大家的歌声、与音乐脱离。现在老师请一位同学来当小老师，帮助大家来唱对比较难的部分。

学生都很踊跃地参与到活动中，争当小老师。

"小老师"采用了"跟唱"的方法给同学们纠正，学生都很认真。让学生帮助学生，不仅锻炼了"小老师"，增强了她的自信，也让学生之间产生了互动。随后教师带领大家练习。

教师：现在我们再来唱一遍，相信这次我们会唱得很好。

再次录音，教师点评并多给予肯定与鼓励。

教师：你们真的唱得很好，而且还能找出错误并且改正。这次的歌声就好听多了。接着教师教授几组简单的舞蹈动作，配合肢体语言让学生和老师一起来表现歌曲，展现自己。

学生随着录音即兴表演，把教室变为演出的舞台，学生成为演员和观众，课堂气氛活跃。

1. 在经历这个聆听—改正—表演的过程时，培养了学生对歌曲情感的理解以及在演唱过程中自身对歌曲的演绎；训练了学生在演唱歌曲时的音准、音色、音量的掌控能力；开发了学生的肢体领域，使她（他）们"动"得有信心、"动"得有意义。

2. 我听的音乐：《牧童短笛》

（1）聆听第一段（4/4，悠扬、宁静、抒情）。

教师：随着悠扬的音乐，你走进了一个怎样的意境？能说说你的感受吗？

学生：音乐很美，我想到了草地、蓝天、白云……

教师：这就是我们今天要聆听的歌曲《牧童短笛》中的第一部分，你能说说音乐是如何表现这一情景的吗？

学生：音乐优美、温柔、节奏不快。

……

教师：想像一下你就是小牧童，在放牛的时候伴随着自己的笛声还有哪些景象呢？

学生1：牛在吃草。

学生2：还有舒服的风在吹……（学生都说得很好）

（2）聆听第二段（2/4，活泼、欢愉）。

教师：这段与第一段有什么不同？这段音乐描绘了什么？

学生1：这一段的音乐跳跃性很大。

学生2：对！听起来很开心，是牧童在玩儿，在追蝴蝶。

学生3：这段音乐比较快，听起来很高兴。

学生4：老师，我知道，那是它的节奏快，所以听起来才活泼。

教师：嗯，说得都对。这就是音乐丰富的塑造力了。

（3）欣赏全曲。

教师：现在你们应该知道乐曲共分几段了吧？

学生异口同声：三段！！

学生：它们都不一样。

学生：但是第一段和第三段都差不多。

（4）复听全曲。

教师：根据你们自己的理解，边听边用动作来表现音乐，看看谁最棒！

学生1：老师，我可不可以画画呢？

学生2：我可以为乐曲伴奏吗？

教师：当然可以了！用你们自己喜欢的方式来表现音乐吧！

教室的气氛此时十分活跃，学生有的画画，有的吹笛子，有的手在头后撑着在睡觉，也有表演牛的，跳舞的，小心翼翼伴奏的（他好像是怕自己太大声会搅乱了优美的乐曲），也免不了有边做动作边傻笑的……他们沉醉在音乐世界中。

（5）《牧童短笛》相关介绍：这首具有鲜明音乐形象和浓郁江南风情的乐曲，是贺绿汀在1934年作的，全曲为ABA再现三段体……

（6）本课小结。

孩子在本节课上的进步不言而喻，新的教学形式值得继续推进。

【案例评述】

本活动设计是以音乐为核心，以学生为主体，激发学生主动探究学习知识的兴趣，注重学生在音乐课堂教学中的思维活动与自主参与。

学生不仅能在聆听的自主学习中总结出活泼、跳跃、节奏快或慢这些恰当的词语来形容自己对乐曲的感知，而且还能在歌曲的演唱过程中运用各种因素来积极展现自己。这都证明了教师应该将课堂大胆地"交给"学生自己去发现，去表现。要注意的是，不是所有孩子的学习兴趣与表现能力都一样，必须找到适应每个学生的切入点以及学习的方法，从而使学生能够最大限度地得到艺术素养地提高以及音乐情感的熏陶。我们要努力营造出一个由教师引导，学生"主宰"、发现的丰富多彩的课堂教学模式，更好地做到：让学生做课堂的主体，关心、重视每一个学生个体。

（深圳市南山区大冲小学　卢　琪）

《十面埋伏》古曲欣赏

【设计理念】

本活动设计的设计理念为：打破传统的音乐欣赏课用媒体视听的模式，让学生在较真实的音响环境氛围下更好地理解乐曲，了解中国的民族乐器。在欣赏音乐的过程中由整体感知到分段赏析，并过渡到检测与表现。使学生在这样一个完整的体系中逐步达到对音乐作品由点到面、由表至里的全方位的认识与理解。

【活动目标】

1. 让学生能直观地认识琵琶这门乐器，并能亲耳感受到乐器的音色特点。
2. 运用古曲所表现的历史故事贯穿整堂课，让学生在了解乐曲时代背景的基础上上去感受体会乐曲的分部表现、音乐特点等音乐内涵。
3. 通过音乐活动的检测，培养学生积极参与、合作探究的意识，及对音乐作品的表现能力。

【活动准备】

1. 上课前几天回家看看《垓下之战》这个著名的历史故事，并能用自己的语言表述出来。多听多看民族音乐欣赏之类的音乐节目。
2. 教师能流利地演奏、表现乐曲《十面埋伏》，并准备相关的课件、资料、教具等。

【活动过程】

1. 利用实物，激情导入（认识琵琶）

我手拿琵琶走进音乐教室，教室顿时沸腾起来。"哇噻，琵琶！"学生的好奇心马上调动起来。"我见过，这是琵琶，我家楼上的姐姐就弹这个，可好听啦。""这不是《西游记》中'琵琶精'弹的乐器吗？莫非老师也是'琵琶精'，""哈哈……"（同学们此时对我怀中抱的这"法宝"感到异常惊喜，也难怪，在这块较偏远的地区，不少孩子来自农村，大多也是跟随父母打工至此，很少有孩子学乐器，能亲眼见到这种乐器也算是"一饱眼福"了。）我没有打断孩子们的议论，毕竟，孩子们有他们自己的认识。过了一会我很高兴地笑着说："同学们说得不错，这就是琵琶，现在就让我们一起来认识认识这门乐器。"

我将全班同学分为 A、B、C 三组。三组同学分别观察研究琵琶的外形特征、琴弦及琵琶的演奏姿势等。我请学生分组上来观察思考。学生争先恐后地上来用手抚摸着琵琶，试着拨动琴弦。我适当做做指导。（从同学们的眼神中我感觉出了他们对琵琶的兴趣。）

交流结果：A组汇报：琵琶外形像一片叶子，还像玉如意，像勺……B组汇报：琵琶有四根弦，而且粗细不均，粗的弦音要低点，而细的弦音要高点……C组汇报：琵琶可放在桌子上弹，也可以抱着弹。（一位小同学为了更好说明演奏姿势，硬是跑上来把琵琶抱在怀中有模有样地摆了个造型。）

"老师，快给我们弹一曲吧！"学生迫不及待地想听乐曲。"好，既然这样，就让你们一饱耳福吧！"我高兴地答复学生。接下来，我富有激情地为学生演奏了几段风格不一的小曲，让学生对琵琶的表现力有个初步的认识。听完后，学生激动地拍掌："真好听，再来一曲！"

2. 初听全曲

师：唐代著名诗人白居易曾在《琵琶行》中说过"大弦嘈嘈如急雨，小弦切切如私语"，说明琵琶有很强的表现力。那么，琵琶能否表现一个惊心动魄的古战场故事呢？下面，让我们带着这个问题走进今天的欣赏主题——《十面埋伏》。

请学生讲述有关垓下之战的历史故事："在公元前202年……"

请学生根据故事的情节及课本提供的连环画，展开想像，认真地聆听乐曲。

讨论：乐曲大体分为几部分？整体音乐情绪是怎样的？

讨论结果：乐曲分为三部分：战前准备、决战场面、战后结果。音乐情绪有：激烈的，有力的，雄壮的，气势磅礴的。

3. 分段赏析（教师对重点段落作重点分析）

（1）战前准备：

教师提问：在战前准备的前奏片段，乐曲模仿了什么声音？（教师弹奏前奏，让学生用心体会。）

"好像是在宣战。"一同学提出了自己的观点。"如果是宣战，那么战士们会做哪些准备？"我提示学生继续往下说。"哦，是战鼓声，对，一定是战鼓声。"有部分同学马上领悟到。我继续引导他们："好。既然大家已知道，那谁来说说你是从哪方面想到模仿的是战鼓声呢？"A学生说："乐曲前几声很慢，后面是越来越快。"B学生说："我觉得前面应该是散开的，后面是越来越紧凑了，而且都很有力。"我对两位学生的回答比较满意，说："这两位同学说得不错，真实地说出了自己的感受。乐曲正是从力度、速度两方面模仿了战前雄壮的鼓声。下面，请你们尝试在桌面上模仿战鼓的节奏。"学生饶有兴趣地在桌子上试奏起来，我开始巡逻指导，寻找音乐感觉好的同学。我让一位敲得不错的同学上台用大鼓演奏，表现战前的鼓声。这样使学生很快明白了前奏的意义。

（2）决战场面（重点让学生体会在小战、大战段落模仿了什么声音）。

提问：你在决战场面中听到了哪些声音？

教师打出幻灯图片，并演奏音乐片段，学生根据音乐放开想像，说出自己的体会（提供多种参考）。

得出结论：有呐喊声，有战马嘶叫声，有兵器碰撞的声音……

教师小结：虽然在小战、大战的段落演奏的声音很嘈杂，但艺术家就是借用了这种模拟的手法把小战、大战的片段表现得惊心动魄。

4. 检测与表现（深化主题）

（1）视唱小战的主旋律，在模仿兵器相击处用击掌表示，以此来检测学生对乐曲旋律的把握。

(2) 教师随意演奏乐曲的某一片段,请学生说出表现的是哪一部分主题。

(3) 表现音乐情景。

将学生分成三组,学生自由讨论,分别表现"战前准备"、"决战场面"、"战后结果"三个音乐场景造型。学生马上开始设计自己所代表的角色,几分钟后各组展示本组的塑像造型。教师分别为各组所表现的音乐主题配上音乐。其他同学朗读灯片上的有关解说词。(以此来检测学生对音乐的理解度。)

(4) 结束语:同学今天的表现很不错,通过这堂欣赏课的学习,我们知道不论是哪部音乐作品都有着精彩的表现内容与深刻的意义,我们应运用自己的思维,大胆地放飞自己的想像,这样,音乐才能真正走进你的内心深处。

【案例评述】

本节课是一堂较真实的音乐欣赏课,它的优势主要体现在了以下两方面:

1. 良好的音乐欣赏氛围能使学生更好地加深对作品的理解,教师能亲自演奏音乐作品,这样使学生觉得特别亲切,无疑为学生提供了一个直接交流的机会,增进了师生之间的感情。

2. 教师将整堂课构建在"导、析、赏、测"这样一个完整的教学模式之中,让学生结合故事大胆地想像,并自信地表现,使学生对作品有了一个由点至面、由表至里的全方位的把握。

(深圳市南山区平山小学 朱 敏)

《天鹅》欣赏

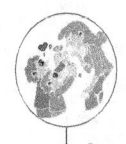

【设计理念】

新课程标准的基本理念强调,以审美为核心,充分调动学生的听觉、视觉、动觉等多感官的参与,引导学生欣赏美、感悟美、体验美、表现美,培养学生的审美能力。本活动设计力图在听觉的基础上,通过图像(多媒体课件)的播放,使学生在欣赏美的过程中获得更加愉悦的感受和体验,并且让学生变被动为主动,变旁观为参与,积极地加入到音乐活动中来,亲身体验音乐的情感内涵,领会音乐要素在音乐表现中的作用。

【活动目标】

1. 让学生在参与活动的过程中充分体验和感受乐曲所描绘的情景,并从中得到美的享受。

2. 培养学生运用学过的音乐知识感受音乐和表现音乐的能力。

【活动准备】

1. 课前布置学生按音乐活动小组做一些准备工作。

2. 多媒体课件、头饰、彩条等。

【活动过程】

1. 导入

听音乐《天鹅》进入教室,师生问好。

师:刚才,我们在优美的音乐声中走进教室,这首乐曲就是我们这节课要欣赏的。现在,请同学们完整地听一遍,听后说出这首乐曲给你的感觉如何?(放录音。)

学生谈自己的感受,老师及时地给予一些评价和肯定。

师:这首乐曲的名字叫《天鹅》,是法国作曲家圣-桑的作品,乐曲描绘了洁白美丽的天鹅在微波荡漾的湖面上悠然漫游的情景。乐曲的旋律优美流畅,你觉得哪一句给你的印象最深?你能试着哼唱一下吗?(鼓励学生大胆唱出来。)

师:这就是乐曲的主题。(展示多媒体课件。)现在,让我们一起用"lu"来哼唱一下。

同学们随琴哼唱。

2. 参与、体验

师:请大家再听一遍乐曲,这次我们边看优美的画面边听。(展示多媒体课件)要求同学们带着问题听。第一,听出乐曲的主奏乐器和伴奏乐器分别是什么?第二,它们分别描绘了什么音乐形象?

学生经过思考,讨论得出正确答案——主奏乐器:大提琴,描绘的是天鹅;伴奏乐器:钢琴,描绘的是湖水。

师:请大家根据音乐设计表演——在湖中漫游的天鹅和波光粼粼的湖水。

分小组设计,然后各小组展示自己的作品。

在音乐的伴奏声中,有的同学表演美丽高雅的天鹅,有的同学表演碧波荡漾的湖水,还有的小组设计表演了湖里飘动的水草和在湖中畅游的小鱼等等,配合得非常好,想像力很丰富。

(这一环节让学生用肢体语言来参与表现音乐形象,使学生在表现美的同时加强了对音乐的感受和体验,激发了学生们的创造力和表现力。)

3. 对比欣赏

师:《天鹅》的音乐真美,同学们的表演很有创意。由于天鹅的美丽,艺术家们很爱去表现它。有一部芭蕾舞剧《天鹅湖》,其中有一段舞曲——《四小天鹅舞曲》很有名,哪位学钢琴的同学会弹这首曲子?

一位同学上来演奏《四小天鹅舞曲》,老师及时给予鼓励。

师:请大家再来欣赏一下这段芭蕾舞表演。(展示多媒体课件)比较一下两首乐曲有什么不同?

课件播放,学生根据所学音乐要素的知识进行回答。

(对比欣赏,目的就是引导学生运用所学知识去领会音乐要素在音乐表现中的作用,从而加深对音乐美的感悟。)

4. 拓展延伸

师:课前老师让大家搜集了有关作曲家圣-桑的一些资料,哪位同学来介绍一下?

学生介绍作曲家圣-桑。

师:管弦乐组曲《动物狂欢节》是圣-桑的代表作之一,《天鹅》就是其中的一首,我们再来欣赏一下另外的几首乐曲——《大象》、《狮王进行曲》、《乌龟》展示多媒体课件。

(通过介绍作曲家圣-桑以及他的其他几个作品,拓展学生的审美视野,激发学生的学习欲望。)

5. 小结

师:这堂课我们着重欣赏了圣-桑的《天鹅》,还了解了一些相关的知识,同学们的表现都非常投入。现在请大家把自己所感受到的《天鹅》的音乐形象用画笔描绘出来或用语言文字描述出来。

同学们拿出纸和笔开始创作,播放背景音乐《天鹅》,比较好的作品让学生展示出来,未完成的可以在课后完成。

(这一环节,目的在于进一步激活学生的表现欲望和创作冲动,使其充分利用其他学科所学的知识来表现音乐的美,从而强化他们对美的体验和感受。)

【案例评述】

本活动设计运用新课程标准的理念对老教材进行挖掘扩充,使学生的知识面更为开阔,思维更加活跃。让学生在课前做一些准备工作,也是一种培养自我学习的过程,学生们兴趣浓厚,积极性也很高。在整个教学活动中,充分调动了学生的听觉、视觉、动觉等多感官的参与,让学生积极主动地参与到音乐活动中来,亲身体验、感受音乐的美,使身心得到一次美的熏陶。

(深圳市南山区育才二小　罗海燕)

欣赏《匈牙利舞曲第五号》

【设计理念】

美国心理学家斯奇卡列说:"好奇是儿童的原始本性,感知会使儿童心灵升华,为其探究事物藏下本源。"对于思维活跃,有想像力、创造力,又有表现力的小学生来说,形式多变、富有新颖性的教学方法是发挥他们创造力的最好方法之一。通过音乐欣赏教学,让学生到参与的实践中去感受和体验音乐,从而激发他们的兴趣,并在情趣盎然中感受外国音乐,去体会《匈牙利舞曲》中,吉卜赛人性格的粗犷、豪放,更好地把握音乐风格。

【活动目标】

1. 通过欣赏,能感受乐曲旋律、节奏、力度、速度的变化所表达的不同情绪。
2. 让学生通过自主探究,能够说出乐曲的主题,感受乐曲风格。
3. 通过小组活动探索找出音乐风格。

【活动准备】

1. 全班分成若干小组。
2. 学生自己制作的多种打击乐器、动物头饰多种。

【活动过程】

1. 情景导入,激发兴趣

师生在《匈牙利舞曲第五号》的音乐声中进教室。

师:今天老师要带同学们去德国旅游,在出发之前我想问一问同学们了解德国的一些什么信息?

生:车、音乐家贝多芬。

师:很好!说明同学们很善于观察生活。今天老师要带大家到德国去感受一下德国风光。然后再去拜访一位音乐家勃拉姆斯叔叔。首先我们来观看一组德国风光图。

屏幕显示科隆大教堂、勃兰登堡、无忧宫花园等音像资料。这时同学们窃窃私语,谈论着各自的感受。有的谈论建筑特点,有的谈论花园美景,有的谈论美女头上的花冠。

师:同学们的观察力非常强,请把这美好的印象刻在脑海中。观赏了德国风光以后,我们来到了音乐家勃拉姆斯的家。今天勃拉姆斯叔叔带给我们的礼物是管弦乐《匈牙利舞曲第五号》。

屏幕显示勃拉姆斯画像。导入新课,放音乐《匈牙利舞曲第五号》。

2. 名家介绍,异国风情

听完这首乐曲后,老师简单介绍一下作者。作者是德国人,他们经常到邻国去创作演出,特别是匈牙利,当时有许多吉卜赛人在此居住。受吉卜赛人音乐的影响创作了《匈牙利舞曲第五号》。

3. 愉快教学,激发兴趣

请同学们带着问题来欣赏。(1)你认为音乐有几个主题?情绪怎样?(2)你认为音乐速度、节奏是怎样变化的?

这时老师播放音乐,有的同学拍手、点头,有的同学用脚轻轻拍打、拍腿,同学们听得非常投入。音乐一停,许多同学举手回答:"我觉得音乐有三个主题,速度欢快,节奏有时快,有时慢,情绪欢快。""很好!"(屏幕出示三段主题音乐。)

4. 学习三个主题音乐,分组创编

请同学们跟老师哼唱以下三个旋律,老师发现基本上熟悉后,请同学们轻声演唱。请同学们带着想像,用动作表示三段音乐主题。做法:分组讨论,创编动作。老师启发学生,可以用自己制作的打击乐器为乐曲伴奏,也可以用动物头饰(如红布、牛头头饰)等为乐曲作道具。老师下去个别指导,放音乐。在活动中,同学们兴趣浓厚,各小组都动了起来,许多同学很有想像力又有组织能力,特别是男同学跳的国标舞,很有特色,女同学的舞蹈天赋也得到了充分的发挥。

5. 主动参与,师生互评

师:你认为哪一组的表演体现出了音乐三个主题的变化?

学生发表自己的观点。

师:很好,同学们通过自己小组探究、创编动作感受到了三个主题不同的音乐情绪,在活动过程中同学们积极地参与,充分体现了每个人的才智,大家把音乐情绪把握的很好。

6. 探讨音乐,寻求风格

师:同学们,你们认为这首乐曲情绪欢快、节奏自由,这种欢快的情绪和节奏的自由与我们中国的乐曲是一样的吗?

生:不是。

老师播放一段《吉卜赛》舞蹈,请同学们仔细观看,回答以下问题:乐曲情绪怎样?人物性格怎样?舞蹈节奏特点?

生:情绪欢快、热烈,人物性格粗犷、豪放,乐曲节奏自由、奔放。

师:很好。《匈牙利舞曲第五号》也有这些音乐风格特点。吉卜赛民族是一个流浪民族。他们四海为家,擅长歌舞,所以勃拉姆斯叔叔受其影响,创作了这首《匈牙利舞曲第五号》。

7. 结束语

师:今天的德国之行我们收获很大,过得很愉快。我们观光了德国风光,又认识了音乐家勃拉姆斯叔叔,到匈牙利又结识了吉卜赛女郎,真可谓满载而归。

【案例评述】

一个好的开始能使学生对音乐产生极大的兴趣,为上好这堂课打好基础。本活动设计创设了一个愉快的教学氛围,激发学生音乐的兴趣,调动学生的主动性,让学生通过自己的体验来学习,使学生从自己的体验中学会认识并建构自己的认识。在教学中,教师变"主导"为"引导",学生变"被动"为"主动",教学由"自得其乐"变为"师生同乐"。建构起一个自主学习、生生互动的生机勃勃的课堂气氛。帮助学生养成共同参与的群体意识和相互尊重的合作精神。在音乐欣赏中感受作品。了解每个学生现有的音乐认识水平,挖掘学生潜能,帮助学生增强自我价值与追求成功的信念。趁势诱导并满足学生学习和自我表现的要求,从而激发他们学习音乐的热情,增强学生学习音乐的信心。

有一句名言是这样说的:"教学的目的是培养学生自己学习、自己研究,用自己的头脑来想,用自己的眼睛看,用自己的手来做这种精神。"这堂课就是遵循这样的理念,通过各种活动、学习、实践,帮助学生体验成功的快乐,展现自我,体现了学生自我价值的实现。从而提高了课堂教学质量。

(深圳市南山区沙河小学　王新萍)

我们眼中的音乐剧《猫》

【设计理念】

　　本教学活动设计选自高中欣赏教材的内容。将"音乐剧"成分融入音乐教学的设计理念,由学生扮演剧中人物,表演音乐剧片断。包括场景设计以及形象、情节、灯光、音乐、舞美设计等要素都由学生完成,看看我们眼中的《猫》剧是怎么样的。

【活动目标】

　　1. 培养学生的想像力、创造力,掌握基本的音乐剧技能。

　　2. 用适当的表演技巧进行即兴表演。

　　3. 人文主题:猫儿需要得到人类的尊重,你必须平等地对待猫,才能和猫成为真正的朋友,猫和人类没什么不同。

【活动准备】

　　上课前一天要求每位同学回去看关于音乐剧《猫》的资料和评论,并准备好相关服装、道具等。

【活动过程】

　　老师:今天这节课,我们来看一段录像,请同学们认真看!

　　放录像:音乐剧《猫》第二幕"夏天为何迟到,时光怎样流逝"。

　　老师:这是音乐剧《猫》第二幕"夏天为何迟到,时光怎样流逝"。看完这段录像,同学们印象最深刻的是什么?

　　有的学生选最后一场老狄尤特洛诺米选择格瑞泽贝拉是今年获得重生的猫,猫儿们欢送她登上了通往九重天之路。有的学生选小猫杰米玛突然唱起格瑞泽贝拉的歌;格瑞泽贝拉又出现了,她悲哀地回忆着过去,同时盼望能够获得新的生活;纯洁的白猫维多利亚首先对她表示同情,杰里可猫们终于原谅了她,接纳她回到族中。

　　老师:为什么你们选了这一场,同学们能不能告诉老师?

　　有的学生说格瑞泽贝拉虽然犯了错,最后终于得到了重获新生的机会,回到不同的生活。有的学生说猫像人类一样原谅了格瑞泽贝拉,说明猫的同情心非常丰富。有的学生说马卡维提也应该获得重生(有的同学表示反对这种说法)。

　　学生:马卡维提是坏猫,他闯进舞会,劫走了老狄尤特洛诺米,还扮成老狄尤特洛诺米的样子来到场上;被迪米特识破,他又试图绑架迪米特,但蒙可斯屈普和阿隆佐与他展开搏斗,阻止了他的恶行;最后马卡维提在猫群的围攻下逃离,同时拉断了电线,导致全场黑暗。

老师：你观察得还很仔细嘛！那你们准备怎样表演《猫》剧第二幕的最后一场呢？

有的学生准备了大块的颜色背景，有的带了母亲的皮毛大衣，有的带了化妆品开始化妆。

学生开始分组表演《猫》第二幕最后一场。

第一组学生共6人，由一位女同学唱着《The Moments of Happiness 幸福时刻》、《Memory 回忆》，在歌曲声中开始表演。他们没有特殊的服装，只是在脸上画了猫须，学猫的样子在地板上跳舞，学着猫儿们都流露出感动的表情。

第二组学生在歌曲《The Journey to the Heaviside Layer 通往九重天之路》的音乐声中开始表演，两位学生披着皮毛大衣，在自己搭的天梯（课桌）上表演猫儿们欢送格瑞泽贝拉登上了通往九重天之路。

第三组学生准备了很多颜色纸皮，在音乐《The Magical Mr. Mistoffelees 神奇的密斯达弗利斯先生》响起时背景颜色用蓝色，在歌曲《Memory 回忆》出现时背景颜色用白色，在歌曲《The Addressing of Cats 对待猫的态度》出现时用红色。两名学生在不同的音乐声中变化不同的造型。

老师：同学们的表演很精彩，刚才三组同学进行了即兴表演，请同学们说说看，我们心中的《猫》剧是怎样的？刚才同学的表演哪些是令你们感到满意的？哪些又需要调整？

学生1：我觉得第二组表演得比较好些，比较贴近原剧的思路，音乐也配得很到位，第一组跳舞跳得不像是猫的动作，第三组只强调了背景的颜色，没有了故事情节。

学生2：我也认为第二组表演得好些，但是第一组的女同学自己唱出《猫》剧的歌曲，很不错，还有第三组用颜色代表每段音乐的感情很特别，如果第二组加上这些素材就很好了。

老师：刚才两位同学做出了中肯的评价。同学们，你们都表演得很好。看过同学们的演出，又看了《猫》剧，大家从这部音乐剧中获得了什么新的启示呢？

学生：每一只猫都象征着一个人群，寓意了他们的存在方式。在这出虚幻的故事中，我们都试图通过各自对应的猫，找到脱离尴尬景况的方式。我觉得在这部剧中猫就和人一样有感情，也会自私自利。

老师：总结得真好，我们再听听《猫》剧中的音乐片段。（播放歌曲《回忆》等。）大家除了看了这部音乐剧《猫》外，还看过什么音乐剧吗？

学生有的说看过《悲惨世界》，有的说没看过，有的说看过《天鹅湖》。（《天鹅湖》是芭蕾舞剧，有同学说。）

老师：大家回去找找其他音乐剧的材料，下节课告诉老师你们找到了什么。

【案例评述】

本活动设计完全让学生通过对自己所扮演的角色的内在和外在方面的分析来演示人物个性发展的技巧。学生决定通过演戏来丰富学习内容，当老师说要排《猫》剧时，不管是新的还是老的学生演员都必须挖掘他所扮演的人物背景资料。整节课设计新颖，引人入胜，有效激发了学生的学习兴趣。

【资料链接】

1. 音乐剧网：《猫》的故事取材于托马斯·斯蒂恩·艾略特（Thomas Stearns Elio-

t)的诗作——Old Possum's Book of Practical Cats。

2. Jennyanydots：一只可爱的,有着虎斑花纹的母猫。她依赖着她富裕的主人生活,成天无所事事。教老鼠们音乐,训练蟑螂童子军,这就是她的业余事业。她如同一个经常做客慈善捐款的富家名媛,一个把排解寂寞当作最大消遣的女人。对于名利和爱情她已经无所追求,她所要的,可能只是不想要清闲的无聊。

Rum Tum Tugger 是只魅力十足的公猫,自恋、叛逆,甚至胡搅蛮缠。对于小母猫们有着异乎寻常的吸引力。他对于别人的建议总是反其道而行,因为他以特立独行来自我标榜。他那摇滚歌星一般的装束、舞蹈和歌喉,仿佛 Elvis 在世。他的生活充实,因为他有着无数的小母猫可以去结识,凭借他的天生的性感,快乐对于他相当廉价。他也许不坏,只是在成年的身体中,还有些未脱的莽撞和顽皮。

Bombalurina,有着名贵的红色皮毛外套的妩媚母猫。身材迷人,眼神诡异。她最善于和异性调情,众多的交际让她在成熟的美丽身型后隐藏着一些世故。她骄傲地炫耀着自己的外衣,以及和这外衣有关的那些资本。她交友不忌讳正邪,甚至连猫中大盗 Macavity 都和她来往暧昧。

Bustopher Jones 是衣着体面,身材肥硕的富翁猫。发型讲究,谈吐斯文,俨然一副绅士做派。众猫见到他或多或少都阿谀了几句。他的生意兴旺,多财善贾。同时学识渊博,受人尊敬。剧中没有多说他的过去,也许是个高等教育的宠儿,也许是个海外归来的巨富。不管怎么样,他至少还是一只猫,但是明显他和其余的那些同类阶级已经泾渭分明。他用他在文化和财富上的优越感,将自己架在空中。

（深圳市南山区博伦职业技术学校　何　丹）

北京大学出版社
教育出版中心 精品图书

21世纪高校广播电视专业系列教材
电视节目策划教程（第二版）	项仲平
电视导播教程（第二版）	程晋
电视文艺创作教程	王建辉
广播剧创作教程	王国臣
电视导论	李欣
电视纪录片教程	卢炜
电视导演教程	袁立本
电视摄像教程	刘荃
电视节目制作教程	张晓锋
视听语言	宋杰
影视剪辑实务教程	李琳
影视摄制导论	朱怡
新媒体短视频创作教程	姜荣文
电影视听语言——视听元素与场面调度案例分析	李骏
影视照明技术	张兴
影视音乐	陈斌
影视剪辑创作与技巧	张拓
纪录片创作教程	潘志琪
影视拍摄实务	翟臣

21世纪信息传播实验系列教材（徐福荫 黄慕雄 主编）
网络新闻实务	罗昕
多媒体软件设计与开发	张新华
播音与主持艺术（第三版）	黄碧云 眭凌
摄影基础（第二版）	张红 钟日辉 王首农

21世纪数字媒体专业系列教材
视听语言	赵慧英
数字影视剪辑艺术	曾祥民
数字摄像与表现	王以宁
数字摄影基础	王朋娇
数字媒体设计与创意	陈卫东
数字视频创意设计与实现（第二版）	王靖
大学摄影实用教程（第二版）	朱小阳
大学摄影实用教程	朱小阳

21世纪教育技术学精品教材（张景中 主编）
教育技术学导论（第二版）	李芒 金林
远程教育原理与技术	王继新 张屹
教学系统设计理论与实践	杨九民 梁林梅
信息技术教学论	雷体南 叶良明
信息技术与课程整合（第二版）	赵呈领 杨琳 刘清堂
教育技术学研究方法（第三版）	张屹 黄磊

21世纪高校网络与新媒体专业系列教材
文化产业概论	尹章池
网络文化教程	李文明
网络与新媒体评论	杨娟
新媒体概论	尹章池
新媒体视听节目制作（第二版）	周建青
融合新闻学导论（第二版）	石长顺
新媒体网页设计与制作（第二版）	惠悲荷
网络新媒体实务	张合斌
突发新闻教程	李军
视听新媒体节目制作	邓秀军
视听评论	何志武
出镜记者案例分析	刘静 邓秀军
视听新媒体导论	郭小平
网络与新媒体广告（第二版）	尚恒志 张合斌
网络与新媒体文学	唐东堰 雷奕
全媒体新闻采访写作教程	李军
网络直播基础	周建青
大数据新闻传媒概论	尹章池

21世纪特殊教育创新教材·理论与基础系列
特殊教育的哲学基础	方俊明
特殊教育的医学基础	张婷
融合教育导论（第二版）	雷江华
特殊教育学（第二版）	雷江华 方俊明
特殊儿童心理学（第二版）	方俊明 雷江华
特殊教育史	朱宗顺
特殊教育研究方法（第二版）	杜晓新 宋永宁等
特殊教育发展模式	任颂羔

21世纪特殊教育创新教材·发展与教育系列
视觉障碍儿童的发展与教育	邓猛
听觉障碍儿童的发展与教育（第二版）	贺荟中
智力障碍儿童的发展与教育（第二版）	刘春玲 马红英
学习困难儿童的发展与教育（第二版）	赵微
自闭症谱系障碍儿童的发展与教育	周念丽
情绪与行为障碍儿童的发展与教育	李闻戈
超常儿童的发展与教育（第二版）	苏雪云 张旭

21世纪特殊教育创新教材·康复与训练系列

特殊儿童应用行为分析（第二版）	李芳 李丹
特殊儿童的游戏治疗	周念丽
特殊儿童的美术治疗	孙霞
特殊儿童的音乐治疗	胡世红
特殊儿童的心理治疗（第三版）	杨广学
特殊教育的辅具与康复	蒋建荣
特殊儿童的感觉统合训练（第二版）	王和平
孤独症儿童课程与教学设计	王梅

21世纪特殊教育创新教材·融合教育系列

融合教育本土化实践与发展	邓猛 等
融合教育理论反思与本土化探索	邓猛
融合教育实践指南	邓猛
融合教育理论指南	邓猛
融合教育导论（第二版）	雷江华
学前融合教育（第二版）	雷江华 刘慧丽

21世纪特殊教育创新教材（第二辑）

特殊儿童心理与教育（第二版）	杨广学 张巧明 王芳
教育康复学导论	杜晓新 黄昭明
特殊儿童病理学	王和平 杨长江
特殊学校教师教育技能	昝飞 马红英

自闭谱系障碍儿童早期干预丛书

如何发展自闭谱系障碍儿童的沟通能力	朱晓晨 苏雪云
如何理解自闭谱系障碍和早期干预	苏雪云
如何发展自闭谱系障碍儿童的社会交往能力	吕梦 杨广学
如何发展自闭谱系障碍儿童的自我照料能力	倪萍萍 周波
如何在游戏中干预自闭谱系障碍儿童	朱瑞 周念丽
如何发展自闭谱系障碍儿童的感知和运动能力	韩文娟 徐芳 王和平
如何发展自闭谱系障碍儿童的认知能力	潘前前 杨福义
自闭症谱系障碍儿童的发展与教育	周念丽
如何通过音乐干预自闭谱系障碍儿童	张正琴
如何通过画画干预自闭谱系障碍儿童	张正琴
如何运用ACC促进自闭谱系障碍儿童的发展	苏雪云
孤独症儿童的关键性技能训练法	李丹
自闭症儿童家长辅导手册	雷江华
孤独症儿童课程与教学设计	王梅
融合教育理论反思与本土化探索	邓猛
自闭症谱系障碍儿童家庭支持系统	孙玉梅
自闭症谱系障碍儿童团体社交游戏干预	李芳
孤独症儿童的教育与发展	王梅 梁松梅

特殊学校教育·康复·职业训练丛书（黄建行 雷江华 主编）

信息技术在特殊教育中的应用	
智障学生职业教育模式	
特殊教育学校学生康复与训练	
特殊教育学校校本课程开发	
特殊教育学校特奥运动项目建设	

21世纪学前教育专业规划教材

学前教育概论	李生兰
学前教育管理学（第二版）	王雯
幼儿园课程新论	李生兰
幼儿园歌曲钢琴伴奏教程	栗旭伟
幼儿园舞蹈教学活动设计与指导（第二版）	董丽
实用乐理与视唱（第二版）	代苗
学前儿童美术教育	冯婉贞
学前儿童科学教育	洪秀敏
学前儿童游戏	范明丽
学前教育研究方法	郑福明
学前教育史	郭法奇
学前教育政策与法规	魏真
学前心理学	涂艳国 蔡艳
学前教育理论与实践教程	王维 王维娅 孙岩
学前儿童数学教育与活动设计	赵振国
学前融合教育（第二版）	雷江华 刘慧丽
幼儿园教育质量评价导论	吴钢
幼儿学习与教育心理学	张莉
学前教育管理	虞永平

大学之道丛书精装版

美国高等教育通史	[美] 亚瑟·科恩
知识社会中的大学	[英] 杰勒德·德兰迪
大学之用（第五版）	[美] 克拉克·克尔
营利性大学的崛起	[美] 理查德·鲁克
学术部落与学术领地：知识探索与学科文化	[英] 托尼·比彻 保罗·特罗勒尔
美国现代大学的崛起	[美] 劳伦斯·维赛
教育的终结——大学何以放弃了对人生意义的追求	[美] 安东尼·T.克龙曼
世界一流大学的管理之道——大学管理研究导论	程星
后现代大学来临？	[英] 安东尼·史密斯 弗兰克·韦伯斯特

大学之道丛书

市场化的底限	[美] 大卫·科伯
大学的理念	[英] 亨利·纽曼
哈佛：谁说了算	[美] 理查德·布瑞德利

麻省理工学院如何追求卓越	[美]查尔斯·维斯特
大学与市场的悖论	[美]罗杰·盖格
高等教育公司：营利性大学的崛起	[美]理查德·鲁克
公司文化中的大学：大学如何应对市场化压力	
	[美]埃里克·古尔德
美国高等教育质量认证与评估	
	[美]美国中部州高等教育委员会
现代大学及其图新	[美]谢尔顿·罗斯布莱特
美国文理学院的兴衰——凯尼恩学院纪实	[美]P.F.克鲁格
教育的终结：大学何以放弃了对人生意义的追求	
	[美]安东尼·T.克龙曼
大学的逻辑（第三版）	张维迎
我的科大十年（续集）	孔宪铎
高等教育理念	[英]罗纳德·巴尼特
美国现代大学的崛起	[美]劳伦斯·维赛
美国大学时代的学术自由	[美]沃特·梅兹格
美国高等教育通史	[美]亚瑟·科恩
美国高等教育史	[美]约翰·塞林
哈佛通识教育红皮书	哈佛委员会
高等教育何以为"高"——牛津导师制教学反思	
	[英]大卫·帕尔菲曼
印度理工学院的精英们	[印度]桑迪潘·德布
知识社会中的大学	[英]杰勒德·德兰迪
高等教育的未来：浮言、现实与市场风险	
	[美]弗兰克·纽曼等
后现代大学来临？	[英]安东尼·史密斯等
美国大学之魂	[美]乔治·M.马斯登
大学理念重审：与纽曼对话	[美]雅罗斯拉夫·帕利坎
学术部落及其领地——当代学术界生态揭秘（第二版）	
	[英]托尼·比彻 保罗·特罗勒尔
德国古典大学观及其对中国大学的影响（第二版）	陈洪捷
转变中的大学：传统、议题与前景	郭为藩
学术资本主义：政治、政策和创业型大学	
	[美]希拉·斯劳特 拉里·莱斯利
21世纪的大学	[美]詹姆斯·杜德斯达
美国公立大学的未来	
	[美]詹姆斯·杜德斯达 弗瑞斯·沃马克
东西象牙塔	孔宪铎
理性捍卫大学	眭依凡

学术规范与研究方法系列

如何为学术刊物撰稿（第三版）	[英]罗薇娜·莫瑞
如何查找文献（第二版）	[英]萨莉·拉姆齐
给研究生的学术建议（第二版）	[英]玛丽安·彼得 等
社会科学研究的基本规则（第四版）	[英]朱迪斯·贝尔
做好社会研究的10个关键	[英]马丁·丹斯考姆
如何写好科研项目申请书	[美]安德鲁·弗里德兰德等
教育研究方法（第六版）	[美]梅瑞迪斯·高尔等
高等教育研究：进展与方法	[英]马尔科姆·泰特
如何成为学术论文写作高手	[美]华乐丝
参加国际学术会议必须要做的那些事	[美]华乐丝
如何成为优秀的研究生	[美]布卢姆
结构方程模型及其应用	易丹辉 李静萍
学位论文写作与学术规范（第二版）	李 武 毛远逸 肖东发
生命科学论文写作指南	[加]白青云
法律实证研究方法（第二版）	白建军
传播学定性研究方法（第二版）	李 琨

21世纪高校教师职业发展读本

如何成为卓越的大学教师	[美]肯·贝恩
给大学新教员的建议	[美]罗伯特·博伊斯
如何提高学生学习质量	[英]迈克尔·普洛瑟等
学术界的生存智慧	[美]约翰·达利等
给研究生导师的建议（第2版）	[英]萨拉·德拉蒙特等

21世纪教师教育系列教材·物理教育系列

中学物理教学设计	王 霞
中学物理微格教学教程（第三版）	张军朋 詹伟琴 王 恬
中学物理科学探究学习评价与案例	张军朋 许桂清
物理教学论	邢红军
中学物理教学法	邢红军
中学物理教学评价与案例分析	王建中 孟红娟
中学物理课程与教学论	张军朋 许桂清
物理学习心理学	张军朋
中学物理课程与教学设计	王 霞

21世纪教育科学系列教材·学科学习心理学系列

数学学习心理学（第三版）	孔凡哲
语文学习心理学	董蓓菲

21世纪教师教育系列教材

教育心理学（第二版）	李晓东
教育学基础	庞守兴
教育学	佘文森 王 晞
教育研究方法	刘淑杰
教育心理学	王晓明
心理学导论	杨凤云
教育心理学概论	连 榕 罗丽芳
课程与教学论	李 允
教师专业发展导论	于胜刚
学校教育概论	李清雁
现代教育评价教程（第二版）	吴 钢
教师礼仪实务	刘 宵

家庭教育新论	闫旭蕾 杨 萍	中外母语教学策略	周小蓬
中学班级管理	张宝书	中学各类作文评价指引	周小蓬
教育职业道德	刘亭亭	中学语文名篇新讲	杨朴 杨旸
教师心理健康	张怀春	语文教师职业技能训练教程	韩世姣
现代教育技术	冯玲玉		
青少年发展与教育心理学	张 清	**21世纪教师教育系列教材·学科教学技能训练系列**	
课程与教学论	李 允	新理念生物教学技能训练（第二版）	崔 鸿
课堂与教学艺术（第二版）	孙菊如 陈春荣	新理念思想政治（品德）教学技能训练（第三版）	
教育学原理	靳淑梅 许红花		胡田庚 赵海山
教育心理学	徐 凯	新理念地理教学技能训练（第二版）	李家清
		新理念化学教学技能训练（第二版）	王后雄
21世纪教师教育系列教材·初等教育系列		新理念数学教学技能训练	王光明
小学教育学	田友谊		
小学教育学基础	张永明 曾 碧	**王后雄教师教育系列教材**	
小学班级管理	张永明 宋彩琴	教育考试的理论与方法	王后雄
初等教育课程与教学论	罗祖兵	化学教育测量与评价	王后雄
小学教育研究方法	王红艳	中学化学实验教学研究	王后雄
新理念小学数学教学论	刘京莉	新理念化学教学诊断学	王后雄
新理念小学音乐教学论（第二版）	吴跃跃		
		西方心理学名著译丛	
教师资格认定及师范类毕业生上岗考试辅导教材		儿童的人格形成及其培养	[奥地利] 阿德勒
教育学	余文森 王 晞	活出生命的意义	[奥地利] 阿德勒
教育心理学概论	连 榕 罗丽芳	生活的科学	[奥地利] 阿德勒
		理解人生	[奥地利] 阿德勒
21世纪教师教育系列教材·学科教育心理学系列		荣格心理学七讲	[美] 卡尔文·霍尔
语文教育心理学	董蓓菲	系统心理学：绪论	[美] 爱德华·铁钦纳
生物教育心理学	胡继飞	社会心理学导论	[美] 威廉·麦独孤
		思维与语言	[俄] 列夫·维果茨基
21世纪教师教育系列教材·学科教学论系列		人类的学习	[美] 爱德华·桑代克
新理念化学教学论（第二版）	王后雄	基础与应用心理学	[德] 雨果·闵斯特伯格
新理念科学教学论（第二版）	崔 鸿 张海珠	记忆	[德] 赫尔曼·艾宾浩斯
新理念生物教学论（第二版）	崔 鸿 郑晓慧	实验心理学（上下册）	[美] 伍德沃斯 施洛斯贝格
新理念地理教学论（第三版）	李家清	格式塔心理学原理	[美] 库尔特·考夫卡
新理念历史教学论（第二版）	杜 芳		
新理念思想政治（品德）教学论（第三版）	胡田庚	**21世纪教师教育系列教材·专业养成系列**（赵国栋 主编）	
新理念信息技术教学论（第二版）	吴军其	微课与慕课设计初级教程	
新理念数学教学论	冯 虹	微课与慕课设计高级教程	
新理念小学音乐教学论（第二版）	吴跃跃	微课、翻转课堂和慕课设计实操教程	
		网络调查研究方法概论（第二版）	
21世纪教师教育系列教材·语文教育系列		PPT云课堂教学法	
语文文本解读实用教程	荣维东	快课教学法	
语文课程教师专业技能训练	张学凯 刘丽丽		
语文课程与教学发展简史	武玉鹏 王从华 黄修志	**其他**	
语文课程学与教的心理学基础	韩雪屏 王朝霞	三笔字楷书书法教程（第二版）	刘慧龙
语文课程名师名课案例分析	武玉鹏 郭治锋 等	植物科学绘画——从入门到精通	孙英宝
语用性质的语文课程与教学论	王元华	艺术批评原理与写作（第二版）	王洪义
语文课堂教学技能训练教程（第二版）	周小蓬	学习科学导论	尚俊杰